Römische Paläste

Bechtermünz Verlag

AVGVSTINVS TRINCIVS IACOBVS BVCCA BELLA
CAESAR DE MAGISTRIS CONSERVATORES CVR

Fabio Benzi
Caroline Vincenti Montanaro

Römische Paläste

Fotografiert von Roberto Schezen

Bechtermünz Verlag

Fotonachweis
Araldo De Luca, Rom, S. 6, 20, 71
Bildarchiv der Musei Capitalini, Rom, S. 108
Archivio Scala, Florenz, S. 23, 96, 151, 214, 216, 284, 289, 297
Istituto Nazionale per la Crafica, Rom, S. 52 (Nr. CL 2272/6997), 112 (Nr. CL 2268/6731), 146 (Nr. CL 2272/6994), 160 (Nr. FC 100999), 180 (Nr. CL 2272/7016), 282 (Nr. CL 2272/7004)
Michele Crosera, Venedig, S. 8–29, 44, 124, 146, 208, 230, 242
Musei Vaticani, Foto Pietro Zigrossi, Rom, S. 40

Die Photos auf den Seiten 52, 112, 146, 180, 282 konnten aufgrund der freundlichen Genehmigung des Italienischen Ministeriums für Kultur und Umwelt (Ministero dei Beni Culturali e Ambientali) veröffentlicht werden.

Originaltitel: Palazzi di Roma
Originalverlag: Arsenale Editrice s.r.l.
San Polo 1789, I-30125 Venezia

Deutsche Erstausgabe

Übersetzung: Fabiana Perini, Rom
und Ursula Marina Jasper, München
Bearbeitung der deutschen Ausgabe: Maasburg GmbH, München
Umschlagmotive: Villa Medici (vorne) Detail einer Malerei
in der „Sala degli Specchi" des Palazzo Altièri (hinten)
Gesamtherstellung: EBS s.r.l./Printing Factory,
San Giovanni Lupatoto – Verona
Printed in Italy
ISBN 3-8289-0708-3

Inhalt

AVGVSTINVS TRINCIVS IACOBVS BVCCA BELLA
CAPAR DE MAGISTRIS CONSERVATORES CVR

Paläste und Villen Roms von der Renaissance bis zum Spätbarock

Fabio Benzi

In der Entwicklungsgeschichte beider Bautypen - des Palastes und der Villa -, so wie sie sich in der Zeit von der Renaissance bis in das 18. Jahrhundert herausbildeten, spielt Rom mit seinen architektonischen Experimenten und richtungsweisenden Bauwerken dieser Zeit zweifellos eine zentrale Rolle.

Ebenso, wie die in Rom entstandene Architektur des 16. und 17. Jahrhunderts Grundlage und Beispiel für die Entwicklung dieser Formensprache in Europa wurde, waren auch der Palast und die Villa Themen origineller stilistischer Variationen, die weit über die Stadtmauern der Ewigen Stadt nachgeahmt wurden und von denen man sich inspirieren ließ.

Natürlich ist es nicht möglich, in einer kurzen Einführung in das Thema allzu sehr ins Detail zu gehen oder all jene Beispiele zu erwähnen, die für die Entwicklung architektonischer Konzepte für derart komplexe Themen wie Paläste und Villen in der Stadt und ihrer unmittelbaren Umgebung ebenfalls als bedeutend erachtet werden. Auch die Auswahl der Paläste und Villen, auf die im zweiten Teil des Buches genauer eingegangen wird, erhebt keinen Anspruch auf Vollständigkeit und enthält nicht einmal alle wirklich bedeutenden Beispiele. Es erschien sinnvoller, aus dem riesigen Feld des städtebaulichen Gefüges der Stadt auch weniger bekannte und schwer zugängliche Beispiele auszusuchen, um so einen groben Überblick über den enormen architektonischen Reichtum zu geben, der sich trotz der städtebaulichen Verunstaltungen der letzten 150 Jahre noch immer innerhalb und in unmittelbarer Nähe der Aurelianischen Mauern erhalten konnte.

Was das Thema des Buches anbelangt, bedarf es einer Erklärung, warum in ein und demselben Buch Paläste und Villen gemeinsam behandelt werden - zwei doch immerhin recht unterschiedliche Gebäudegruppen, sowohl was ihre Funktion als auch ihre architektonische Form angeht. Der Grund hierfür liegt in der städtebaulichen Natur der *Urbs* in der Zeit vom 15. bis 18. Jahrhundert. Wie allgemein bekannt ist, erlebt Rom gleichzeitig mit der Rückkehr der Päpste aus Avignon eine kulturelle und architektonische Wiedergeburt, die nach Jahrhunderten des weitreichenden Verfalls, des Bevölkerungsrückgangs und nach einer Abnahme der bewohnten Gebiete einsetzte. (Als Datum für diesen anfänglich zwar langsam vonstatten gehenden Aufschwung, der jedoch innerhalb kürzester Zeit ein beachtliches Ausmaß erlangte, können wir den Amtseintritt von Papst Martin V. Colonna im Jahre 1417 ansehen. Als Sproß einer der einflußreichsten römischen Adelsfamilien konnte er gezielt eine gewisse politische Kontrolle über die Stadt ausüben. Rom war in der Zwischenzeit Opfer rivalisierender Gruppierungen geworden, die sich während des langen Machtvakuums gebildet hatten.) Damals schien die *Urbs* nichts weiter als ein unbedeutendes und baufälliges Stadtviertel zu sein, das sich innerhalb des Tiberknies zwischen dem Kapitol und der Engelsbrücke erstreckte.

Vorhergehende Doppelseite
Den Platz auf dem Kapitol entwarf Michelangelo, der hier bereits bestehende, sehr unterschiedliche Gebäude in Einklang miteinander bringen mußte. Die Arbeiten wurden noch lange nach Michelangelos Tod fortgeführt. Insgesamt aber kann man den Platz mit den drei Palästen und der Freitreppe als eine plangetreue Ausführung seines Projekts ansehen.

Das riesige Gebiet der Altstadt innerhalb der Stadtmauern aus der Kaiserzeit umfaßte dicht aneinandergereihte Ruinengrundstücke und Felder (Landstriche, die oftmals als Weideland oder für den Ackerbau bzw. Weinbau genutzt wurden und die man als *Vigne* bezeichnete - ein Ausdruck, mit dem man bis ins 18. Jahrhundert vorwiegend auch die richtigen Villen bezeichnete), aus denen vereinzelt einige große Basiliken emporragten. Diese von einigen wenigen Häusern umgebenen Gotteshäuser wirkten fast wie eigenständige Dörfer.

In diesem für eine moderne Stadt so untypischen städtischen Panorama entwickelten die Römer ab dem 15. Jahrhundert die Vorliebe, im Bereich ihrer städtischen Landgüter Gärten mit mehr oder weniger großen Pavillons anzulegen, in denen man seine von den Alltagsgeschäften freien Stunden verbringen konnte. Durch die Errichtung von immer mehr Gebäuden wurden in den darauffolgenden Jahrhunderten viele dieser Gebiete in das städtische Gefüge miteinbezogen, und aus den Pavillons entwikkelten sich zuweilen richtige Paläste. Dies ist der Grund, weshalb sich die Typologien der Villa und des Palastes oftmals überschneiden und miteinander verbunden sind. Sie tauschen Formen und Funktionen aus und bilden schließlich eine einzigartige Episode einmaliger Schönheit. Ein gutes Beispiel hierfür ist der Quirinalspalast. Bei seiner Entstehung war er ein abgelegener Sommersitz, der sich im Lauf der Jahre allerdings in jeder Hinsicht in einen Palast verwandelte. Oder der nahegelegene Palazzo Barberini, der zwar auf der Grundlage der für die Renaissancevilla bezeichnenden Typologie konzipiert wurde (das heißt: von einem Garten umgeben, am Stadtrand gelegen), jedoch auf jeden Fall als „Palast" zu definieren ist, obwohl er auf diesem Gebiet eindeutig eine Neuerung darstellt. Das immens große Raumangebot machte es möglich, daß auf der Suche nach einem ästhetischen und sozialen Vergnügen offizielle Residenzen und private Wohnhäuser ständig miteinander konfrontiert wurden und im Dialog miteinander standen. Ihr Dialog beschränkte sich nicht nur auf die räumlichen Komponenten (da sowohl die Villa als auch der Palast innerhalb der Stadtmauern oder unmittelbar an diese angrenzend gebaut wurden), sondern bezog sich auch auf ihre architektonische Ausführung, die durch diese fortwährende Gegenüberstellung bereichert und verfeinert wurde und somit offen war für innovative Vorschläge. Diese Bauweisen prägten die europäische Baukunst, dank der überragenden Leistung vieler in Rom arbeitender Architekten, unter den sich die bedeutendsten der Geschichte jener Epoche befanden.

Aus diesem so spezifisch römischen Grund umfaßt dieser Bildband Villen (innerhalb der Stadtmauern beziehungsweise in den unmittelbar an sie angrenzenden Gebieten) und Paläste als einheitlichen Ausdruck einer unnachahmlichen Lebensweise und einer Formensprache in einem einheitlichen, wenn auch differenzierten und außergewöhnlichen Baugefüge.

Die Ursprünge des römischen Palastes im Zeitalter des Humanismus

In den ersten Jahren des 15. Jahrhunderts befand sich Rom, nunmehr erneut Sitz der päpstlichen Macht, städtebaulich in einer äußerst prekären Lage: Jahrhunderte grober Vernachlässigung (mit Ausnahme einiger Zeiträume, wie zum Beispiel im 12. und 13. Jahrhundert, in denen das Bauwesen eine „neue Blütezeit" erlebte) hatten das Antlitz Roms gezeichnet: Die noch bewohnten Gegenden sahen verfallen und verelendet aus, und die weiträumigen Gebiete, aus denen die imposanten kaiserlichen Bauwerke emporragten, waren Ruinenfelder, die seit Jahrhunderten zu Steinbrüchen verkommen waren und als Weideland für Tiere genutzt wurden. Der Einsturz antiker Bauwerke und deren unregelmäßige Überschneidung mit neuen und sehr viel einfacheren Konstruktionen hatte Rom zu einem Stadtbild verholfen, das typisch für die mittelalterliche Stadt war: extrem unregelmäßig und verwinkelt, mit schmalen Sträßchen, die sich ihren Weg zwischen den Schutthalden aus Bruchstücken der Ruinen bahnen, und Gebäuden, die sich an die bereits bestehenden, sehr unterschiedlichen Bauformen anpassen (man denke nur an die Paläste und Plätze mit ihrem gebogenen Verlauf, der von den Theatern und Amphitheatern herrührt - an die Piazza Navona, das Pompejus-Theater und das Marcellus-Theater). Die wenigen monumentalen Gebäude, die noch benutzt wurden - zum Beispiel das Pantheon -, waren von Baracken umgeben, die deren vergangene Herrlichkeit herabwürdigten. In den ursprünglich von Laubengängen gesäumten Straßen Roms, die im Mittelalter in den guten Zeiten unter Verwendung von Marmorsäulen aus den antiken Tempeln und den öffentlichen Gebäuden gebaut worden waren (noch heute sieht man diese Säulen in den Mauern zahlreicher Paläste innerhalb des Tiberknies), häufte sich der Unrat, wodurch die Laubengänge unzugänglich geworden und zu Müllhalden verkommen waren. In der zweiten Hälfte des 15. Jahrhunderts beschreibt Platina Rom zur Zeit des Amtsantritts von Papst Martin V. mit folgenden Worten: „Er fand Rom derart verfallen und verwüstet vor, daß man nicht einmal mehr erkennen konnte, daß es sich um eine Stadt handelte ... nichts als baufällige Paläste, verfallene Kirchen, menschenleere Straßen, eine ausgehungerte und vergessene Stadt gesehen, die durch ihre Armut ausgelaugt war."

Angesichts einer derart heruntergekommenen Stadt konzentrierten sich die ersten Päpste der Zeit nach der Rückkehr aus Avignon zunächst nicht auf eine wirkliche Baupolitik, sondern beschränkten ihre Maßnahmen in erster Linie auf die Restaurierung der vom Verfall am schlimmsten betroffenen Gebäude und auf eine rudimentäre Verbesserung der städtebaulichen Situation. Auch im privaten Bauwesen wurden bis zum Pontifikat Nikolaus' V. (1447-1455) keine für die Entstehung einer Typologie des

Das Haus der Cavalieri di Rodi (Rhodos-Ritter; *rechts oben*) wurde während des Pontifikats Pauls II. erbaut (um 1467–70). Das Gebäude dokumentiert heute noch die römische Bauweise in der ersten Hälfte des Jahrhunderts: Es ist auf bereits bestehenden Fundamenten errichtet und entwickelt sich spontan, ohne symmetrischen oder koordinierten architektonischen Entwurf.

Der von Papst Paul II. erbaute Palazzo Venezia (*rechts unten*) ist der erste bedeutende Renaissancepalast. Obwohl er noch eine Verbindung mit der Tradition erkennen läßt, bilden seine prunkvollen Säle gemeinsam mit den aufwendigen dekorativen und architektonischen Elementen einen Gesamtkomplex, der zur Grundlage für die Entwicklung der römischen Renaissance wurde.

Palastes wesentlichen Baumaßnahmen eingeleitet. Obwohl Rom ein beliebtes Reiseziel bedeutender Architekten der Frührenaissance (Brunelleschi und Alberti) war, die in die Ewige Stadt kamen, um deren antike Baudenkmäler zu studieren und sich von ihnen für die große stilistische Erneuerung, an der sie arbeiteten, inspirieren zu lassen, entstanden dennoch bis zur Mitte des Jahrhunderts keine erwähnenswerten Bauwerke. Während das Kolosseum Alberti zum Bau des Palazzo Rucellai in Florenz inspirierte und die Rustika des Augustusforums zum Ausgangspunkt für die Überlegungen Brunelleschis zum Palazzo Pitti – dem Prototyp des florentinischen Renaissancepalastes – wurde, blieb man im Gegensatz dazu in Rom bei einer sehr viel einfacheren Bauweise und verwendete mit Rillenputz verzierte Mauern sowie Fenster mit dem Welfenkreuz.

Die Auftraggeber in Florenz rekrutierten sich hauptsächlich aus der neuen, äußerst wohlhabenden Bürgerschicht, deren Suche nach einem neuen Selbstwertgefühl den Anstoß dazu gab, würdevolle und geometrisch reine Konzepte zu entwickeln, die sich mit neuen geometrischen und symbolisch klaren Formen in dem unregelmäßigen Gefüge der Stadt durchsetzen konnten. In Rom hingegen entstammte die Mehrheit der Auftraggeber dem höheren Klerus. Die Typologie des Palastes, die sich somit in Rom entwickelte, maß der Regelmäßigkeit der Außenfassade geringere Bedeutung bei; sie mußte auf jeden Fall aber einen Turm als Symbol der Kardinalswürde miteinschließen. Um so mehr wurde auf eine behagliche und reichhaltige Ausstattung der Innenräume Wert gelegt, der das Äußere organisch entsprach, ohne die aus dem Palastinneren resultierenden Asymmetrien zu vertuschen. Aus diesem Grund weisen die römischen Paläste des 15. Jahrhunderts immer eine räumliche Gliederung auf, die nicht streng geometrisch ist, sich jedoch gut den Grundstücksgrenzen anpaßt. Sie folgt dem unregelmäßigen Verlauf der mittelalterlichen Straßen und bezieht die bereits bestehenden Gebäude mit ein, anstatt sie abzureißen. Sie weist somit keine das Baugefüge der Stadt „regulierenden“ Normen auf, wie dies hingegen in Florenz der Fall ist, wofür der perfekte Kubus des Palazzo Strozzi als hervorragendes Beispiel dient. Sogar der prachtvollste römische Palast des 15. Jahrhunderts, der Palazzo della Cancelleria (ehemals Sitz des Kardinalkanzlers), dessen mit Travertin verkleidete Fassade und Gesimse aus gemeißeltem Marmor eine Vorahnung kommender Prachtentfaltung im 16. Jahrhundert darstellen, hat einen eigenartig unregelmäßigen Grundriß, der ohne großen Aufwand korrigiert und leicht in ein regelmäßiges Viereck hätte zurückverwandelt werden können. Ebenso verfügt der andere bedeutende Palast – der Palazzo Venezia (erbaut von Kardinal Barbo, dem späteren Papst Paul II.) – über eine Fassade, in der die Fenster in unregelmäßigen Abständen angeordnet sind, um den Gegebenheiten der Innenräume Rechnung zu tragen. Der Grundgedanke einer abstrakten Regelmäßigkeit des äußeren Erscheinungsbildes war der römi-

Rechte Seite
Palazzo Riario Altemps: Piattaiasaal. Dieses Fresko ist eines der seltenen noch erhaltenen Beispiele für die Innendekoration eines römischen Palastes aus dem 15. Jahrhundert. Das sehr orginelle Thema wurde aller Wahrscheinlichkeit nach von Pedro Berruguete während seines Romaufenthaltes (1480-1481) gemalt.

schen Architektur auf ihrer Suche nach neuen Formen offensichtlich fremd oder erschien ihr zumindest wenig zweckmäßig. Ihre Bestrebungen konzentrierten sich hingegen auf die prunkvolle Ausschmückung der Innenräume und auf das humanistische Zitat antiker Elemente, die in den bildhauerischen Gestaltungselementen und im klassizistischen Repertoire der einzelnen Bauteile vorhanden waren.

Die römischen Paläste der ersten Hälfte des Jahrhunderts, von denen nur sehr flüchtige Spuren erhalten blieben (die meisten davon urkundlicher Art), sollten sich nicht allzu weit von den Modellen des späten Mittelalters entfernen. Eine Ausnahme wurde dann gemacht, wenn es galt „modernere" Elemente wie zum Beispiel das Sprossenfenster zu übernehmen, wie man heute noch bei der Casa Mattei in Piscinula sehen kann – es wurde während des Pontifikats von Papst Paul II. (1464-71) gebaut – oder bei der zeitgenössischen Casa dei Cavalieri di Rodi (Haus der Rhodos-Ritter) gegenüber dem Forum Romanum. Das Verschwinden der meisten Beispiele dieser „spontanen" Architektur zeugt von ihrer geringen planerischen Qualität, von der Unbeständigkeit der Materialien und von der Uneinheitlichkeit des gesamten Erscheinungsbildes, in das sich bereits vorhandene Bauwerke organisch einfügten. Deshalb verschwanden sie schon bald unter moderneren und weitaus prunkvolleren Palästen, die den in Rom geltenden Vorstellungen von Ruhm und Reichtum im Zeitalter der Renaissance und des Barock besser entsprachen und daher diese älteren Gebäude aus dem städtischen Panorama verdrängten.

Von den frühen und ansehnlicheren Wohnsitzen noch erhalten sind – wenn auch innen sehr verändert – der Palast von Nikolaus V. im Vatikan (erbaut zwischen 1447 und 1454) und der Palazzo Capranica, der um 1451 fertiggestellt wurde. Ersterer war Teil eines großartigen Projektes zur städtebaulichen Erneuerung Roms, das jedoch als Stadtzentrum die Gegend um den Vatikan vorsah. An seiner Ausarbeitung hat aller Wahrscheinlichkeit nach der bereits erwähnte Leon Battista Alberti mitgewirkt. Allerdings wurde von diesem päpstlichen Projekt nur sehr wenig realisiert, und der Palast ist praktisch das erste monumentale Wohngebäude des 15. Jahrhunderts in Rom. Die äußere Struktur ist sehr schlicht, entwickelt sich horizontal und besteht aus zwei hohen Geschossen. Sie sind auf einem Böschungsfundament errichtet und schließen mit einem zinnengekrönten Kranzgesims ab. Die großen Fenster haben Sprossen, und der Grundriß wies zwei im rechten Winkel zusammengefügte Flügel auf.

Die Fassade war mit Rillenputz und mit einer Scheinrustika dekoriert. Der Gesamteindruck, den das gewaltige Bauwerk vermittelte, war der einer Mischung aus einer kleinen Festung und einem Palast, also ähnlich wie bei dem sehr viel bekannteren, später erbauten Palazzo Venezia. Der gesamte Prunk konzentrierte sich auf die prächtige Dekoration der Innenräume; von denen zwei von Beato Angelico mit Fresken ausgemalt wurden (heute ist nur noch die herrliche Cappella Niccolina erhalten). Von 1451 an war Rossellino der „Palast-Baumeister"; aufgrund der beträchtlichen Umbauarbeiten, denen das Gebäude im Verlauf der Jahrhunderte unterzogen wurde, ist es jedoch heute schwierig, mehr als eine nur rein schematische Vorstellung davon zu bekommen. Eine Quelle aus jener Epoche (Rucellai) beschreibt dazugehörende „große und kleine Gärten mit Fischteich, Wasserbrunnen und Kaninchenstall", was wiederum daran erinnert, daß der römische Palast von Anfang an gemeinsame Merkmale mit der *Villa* hatte. Der Palazzo Capranica zeigt die kanonische Typologie des Kardinalspalastes: Es ist ein rechteckiger, zweigeschossiger Block (wobei das erste Geschoß, auch als Piano nobile bezeichnet, mit sehr viel geräumigeren und höheren Räumen als das „vornehme" galt). Seine Fassade wurde in unregelmäßigen Abständen von Sprossenfenstern unterbrochen; ein Seitenturm betonte die Würde des Auftraggebers.

Das Verputzen der Außenfassade der Paläste des 15. Jahrhunderts war, verglichen mit der in Florenz angewandten Methode der Steinrustika, offensichtlich eine billigere Variante, die allerdings oftmals durch Rillenputz veredelt wurde. Die Verzierung der Außenwände entwickelte sich von der schlichten Scheinrustika zu komplexeren Formen, wie z. B. Gesimsen, Rankenwerken, Kandelabern, Fensterleibungen und Figuren, bis hin zu den wunderschönen Fassaden des 16. Jahrhundert, die mit geschichtlichen und allegorischen Szenen aus der Schule Raffaels (vor allem von Polidoro da Caravaggio) bemalt wurden und von denen wundervolle Beispiele am Palazzo Massimo und am Palazzo Ricci zu bewundern sind.

Der Palazzo Venezia ist der erste bedeutende römische Palast, sowohl im modernen Sinne als auch im Sinne der Renaissance, aber in bezug auf seine Außenfassade weist er die bereits erwähnten schlichten Merkmale auf: eine mit Zinnen gekrönte und verputzte Fassade, Sprossenfenster und den „Kardinalsturm". Dennoch gelang es dem humanistisch gebildeten Architekten Francesco del Borgo (Frommel beschäftigte sich vor einigen Jahren mit seiner Biographie), daraus ein Meisterwerk im Geiste der Renaissance zu machen. Genaugenommen hatte der apostolische Schriftsteller – ähnlich wie Leon Battista Alberti, den er sicher gut gekannt hat – eher eine humanistische, altertumskundliche und literarische Ausbildung als eine architektonische. Im Konzept der monumentalsten architektonischen Elemente sind auch tatsächlich Züge zu entdecken, die auf Alberti verweisen, wie zum Beispiel bei dem wunderschönen Atrium mit seinem kassettierten Tonnengewölbe (im IX. Buch *„De Architectura"*, das den Palästen gewidmet ist, beschreibt Alberti ein „lichtdurchflutetes und überwältigendes Vestibül"), dem unvollendeten Innenhof, dessen Rhythmus auf die Arkaden des Kolosseums verweist, dem zweigeschossigen Portikus der dazugehörenden Basilika San Marco, den angrenzenden Garten, von dem noch die Rede sein wird, und den weitläufigen Sälen mit Kassettendecken.

Auch das Erscheinungsbild äußerlicher „Nüchternheit" wirkt wie ein Widerhall der Richtlinien von Alberti („die Dekoration der Stadthäuser muß eine sehr viel strengere Atmosphäre ausstrahlen als die der Villen"), obwohl der Zinnenkranz, von dem Alberti für den Palast in der Stadt abrät, sich in Rom durchaus einbürgert. Die Geschichte des Palastes wirft ein bezeichnendes Licht auf die Entstehung seines unregelmäßigen Äußeren: Pietro Barbo - er wurde 1451 zum Kardinal der Markus-Kirche ernannt - beschließt in den Jahren 1454 und 1455, den Kardinalspalast neben der Titelkirche wiederaufzubauen, und stellt ihn im Jahre 1464 - kurz vor seiner Wahl zum Papst (er besteigt als Paul II. den Stuhl Petri) - fertig. Dieser erste Palast umfaßte nur die Seite, die heute auf die Piazza Venezia blickt; er erstreckte sich bis zu dem großen Tor, das allerdings nicht mehr miteinbezogen war, war niedriger als der später gebaute und hatte keinen Innenhof. Nach seinem Amtsantritt beschloß der Pontifex, ihn in einen prächtigen Wohnsitz umzuwandeln. Dieses Projekt wurde 1468 in Angriff genommen und nach seinem Tod noch über zwanzig Jahre fortgeführt (1471 waren die Arbeiten ungefähr am Tor zur Via Plebiscito angelangt).

Nach dem Tod von Papst Paul II. folgte Sixtus IV. della Rovere, der bedeutendste Papst des 15 Jahrhunderts (1471-1484), ihm auf dem Stuhl Petri nach. Diesem Papst verdankt Rom seine Entwicklung zur voll ausgereiften Formensprache der Hochrenaissance. Unter seinem Pontifikat erlebte Rom eine neue Blütezeit im Bereich des Bauwesens, jedoch konzentrierten sich die Bemühungen vorerst auf öffentliche Gebäude und Kirchen. Im bürgerlichen Bauwesen weist nichts auf besondere typologische Neuheiten hin, dennoch finden die Römer großen Gefallen an Marmordekorationen, die sich an der Antike inspirieren. Besonders deutlich wird dies bei der Renovierung der Innenräume des Kardinalspalastes dei Santi Apostoli durch Baccio Pontelli, den Lieblingsarchitekten Sixtus' IV., der in Rom die „göttliche Proportion" der Mathematiker von Urbino einführt. Am Hof des Herzogs von Urbino hatte er zuvor an dem holzgetäfelten Studierzimmer des Herzogs und als Palastarchitekt gearbeitet.

Dadurch, daß vor kurzem im Palazzo Riario (dem heutigen Palazzo Altemps) ein außergewöhnlich schönes Fresko mit einem illusionistischen Gemälde entdeckt wurde, das dem Pinsel eines ausländischen Malers (um 1481) zugeschrieben wird - man nimmt an, daß es sich um den spanischen Maler Pedro Berruguete handelt (der ebenso wie Pontelli am Hof von Urbino gewirkt hat) -, bekommt man eine Vorstellung von der Pracht, mit der die römischen Paläste geschmückt waren. Dieses Fresko veranschaulicht die römische Auffassung, die ganz im Gegensatz zu der in Florenz vorherrschenden stand: Dort waren die Innenräume sehr viel bescheidener ausgestattet, die Außenfassade hingegen bestand aus kostbaren steinernen Verkleidungen, die wie Vorhänge wirkten.

Der wohl bedeutendste Palast des 15. Jahrhunderts, der das gesamte sixtinische Erbe in sich vereinigt und bereits das neue Jahrhundert ankündigt, ist der Palazzo della Cancelleria (Kanzlerpalast). Er wurde in den Jahren 1483/84 und 1495 für Kardinal Raffaele Riario gebaut, einen Neffen Sixtus' IV. Man kann mit Sicherheit sagen, daß Baccio Pontelli diesen Palast geplant hat. Er erneuerte das Erscheinungsbild des römischen Adelspalastes von Grund auf. Die langgestreckte Fassade umfaßt auch die Titelkirche San Lorenzo in Damaso, wodurch diese fast in eine Palastkapelle umgewandelt wurde. Der viereckige Block wird von vier Türmen (Symbol der Kardinalswürde) eingefaßt, die jedoch orginellerweise dann zu hervortretenden Ecken abgewandelt wurden. Sie waren genauso hoch wie die Fassade und belebten an den äußersten Punkten die großen, mit einer leichten Rustika aus Travertin bedeckten Oberflächen. Pontelli gelang es, in Rom auf eine festliche, an der Antike inspirierte, rein römische Art und Weise einen neuen, zeitgemäßen Stil einzuführen, der bereits der Herzogspalast in Urbino zum Inbegriff der Renaissance des ausgehenden 15. Jahrhunderts gemacht hatte. Die dreigeschossige Fassade wird in den beiden oberen Etagen durch den symmetrischen und regelmäßigem Rhythmus der Doppellisenen gegliedert. Zwischen diesen Lisenen befinden sich erlesene marmorne Fensterleibungen, in die Motive des klassischen Altertums eingemeißelt sind. Die Fassade interpretiert somit auf eigenartige und eindrucksvolle Weise die Attika des Kolosseums und stellt eine revolutionäre und klassizistische Version des Palazzo Rucellai von Alberti dar. Der Innenhof, der sich an das von Luciano Laurana entworfene Vorbild von Urbino anlehnt und ebenfalls im klassizistischen, Leichtigkeit und Harmonie ausdrückenden Stil gebaut ist, wurde daher früher häufig dem Werk Bramantes zugeschrieben. Prächtige, der Antike nachempfundene Decken und Kassettendecken vervollständigten das Werk, für das Pontelli einige Studien anfertigte, die man im berühmten *Codex Escurialensis* wiederfinden kann - ein Werk, das fast vollständig von seiner Hand stammt.

Palazzo Riario Altemps, der Piattaiasaal (*links*: Ausschnitte aus dem Fries). Die perspektivisch verkleinerten Putten zeugen von Berruguetes in Urbino erworbener Kunstfertigkeit (er malte in den siebziger Jahren am Hof des Herzogs Federico da Montefeltro in Urbino). Es sind Übereinstimmungen mit dem großen Temperagemälde *Madonna mit dem Kinde* festzustellen, das im Prado in Madrid ausgestellt ist.

Der urbane und suburbane Garten: der antike Ursprung der römischen Villa

Wie bereits erwähnt, begann Rom dank seines einzigartigen städtebaulichen Gefüges, ab dem 15. Jahrhundert sein Stadtbild mit Gärten oder *Vigne* zu bereichern. In diesen Gärten standen Pavillons, die der Erholung oder der Zerstreuung dienten. Sie befanden sich zwar noch innerhalb der Stadtmauern, jedoch in abgelegenen und ländlichen Gegenden.

Nur sehr wenige Beispiele von diesen in Wirklichkeit sehr einfachen Konstruktionen - Vorgänger der prächtigen Villen des 16. Jahrhunderts - existieren heute noch, ebenso wie ihre Gärten, von denen die meisten der Stadtplanung späterer Zeiten zum Opfer gefallen sind. Dennoch ist es möglich, anhand von Urkunden und Zeugnissen die Geschichte einer Stilrichtung und die Entstehung einer Typologie zu rekonstruieren, wie D. R. Coffin dies in seinem Buch über die Villen der römischen Renaissance getan hat. Ausgestattet mit ländlichen *Casini*, die nur über ein paar wenige Räume verfügten, mit einem zum Garten hin offenen Portikus, entstehen diese sogenannten *Vigne* zeitgleich mit der Entwicklung der humanistischen Kultur, als Aufenthaltsort für erbauliche Mußestunden. Nach Überlieferung antiker Quellen, in denen die weitläufigen städtischen, mit Statuen und Brunnen übersäten Gärten erwähnt werden (die sogenannten *Horti*, von denen die von Sallust und Maecenas die bekanntesten sind), wird es nun Mode, die ländlichen Besitztümer, die von den Palästen weit entfernt waren, mit Pavillons für die Mußestunden auszustatten. Das damalige Stadtbild mit den überall aufragenden Ruinen bildete eine großartige Kulisse. Der Geschmack an den Überresten der Antike wurde zusätzlich durch Inschriftensammlungen und antike Statuen kultiviert, die oftmals den Gegenstand besinnlicher Betrachtung oder gelehrter Abhandlungen bildeten. Darüber hinaus lockten sie gelehrte Besucher und passionierte Altertumsforscher an. Die schlichten, mit Laubengängen versehenen *Casini* waren mit Rillenputz dekoriert, und, wenn der Auftraggeber - wie beim späteren vatikanischen Belvedere Papst Innozenz VIII. (1484-1492) - sehr reich war, mit Freskenlandschaften bemalt.

Wenn auch die grundlegende Typologie dieser Gebäude ländlich und unregelmäßig erscheint, wie beim *Casino* des Kardinals Bessarione auf der Via Appia (um 1460), und sich dies bis ins frühe 16. Jahrhundert nicht grundlegend verändert, so kennzeichnen zumindest drei Episoden die höfische Geschichte des römischen Gartens. Die erste Episode handelt vom Palazzetto Venezia, einem *Unicum* dieser Art, dem keine weiteren Beispiele folgten. Es war ein *Viridarium* mit einem viereckigen, nach außen gehenden Portikus, das mit dem Palazzo Venezia zusammenhängt; die Kanten beider stoßen aneinander. Er läßt sich also weder mit der Logik der Villa noch mit der Typologie des Palastgartens vergleichen, ist aber mehr als alles andere das Ergebnis einer Laune Papst Pauls II. Barbo, der diesen Palazzetto zwischen 1466 und 1468 erbauen ließ. Er bestand aus einer einzigen Reihe von Bögen, die auf achteckigen Pilastern ruhten; unmittelbar danach wurde eine zweite Bogenreihe auf Säulen angefügt. Den Portikus umgab eine Außenmauer, deren Fenster direkt nach außen gingen, und nur auf einer Seite öffneten sich die Dienstzimmer.

Das jedoch bedeutendste Beispiel bildet die - um 1483-85 entstandene - sogenannte Palazzina ai Santi Apostoli des Kardinals Giuliano Della Rovere. Sie ist heute mit in den gewaltigen Bau des Palazzo Colonna einbezogen. Ihr ursprünglicher Bauplan ist aufgrund der vielen Umbauarbeiten in den folgenden Jahrhunderten schwer zu rekonstruieren. Erbaut wurde sie von jenem Neffen Sixtus' IV., der später zum Papst gewählt wurde und den Namen Julius II. annahm, in Form einer mit Portikus ausgestatteten U-förmigen, im Erdgeschoß offenen und im Obergeschoß geschlossenen Loggia, die sich in der Mitte des großflächigen Gartens erhob. Sie ist die direkte Vorläuferin der Farnesina von Baldassare Peruzzi, die wiederum als Urform der Renaissancevilla angesehen wird. Diese offensichtliche Abstammung blieb bis heute unerkannt, da die Palazzina durch die zusätzlichen Anbauten und auch, weil sie in Privatbesitz war, nicht sehr bekannt und deshalb auch nicht so eingehend untersucht wurde.

Die prächtigen Fresken hingegen, mit denen die Loggia verziert ist (sie ist heute nicht zugänglich), haben wir Pinturicchio zu verdanken. Der ursprüngliche Reichtum der Räumlichkeiten im Obergeschoß (ein noch erhaltenes gemeißeltes Marmorgebälk zeugt von dem anfänglichen Prunk), aber vor allem die zur Natur hin offene Portikusstruktur verweisen sehr deutlich auf die folgende Interpretation der von Raffael mit Fresken ausmalten Loggien, auf den Luxus und auf die dem Geist der Renaissance entsprechende Grundidee der Villa von Agostino Chigi. Entworfen wurde die Palazzina ai Santi Apostoli von Baccio Pontelli, der das nunmehr aus-

Innenhof des Palazzo Baldassini (*links*) von Antonio da Sangallo d. J. Bei diesem frühen Werk perfektionierte Sangallo das typologische Modell, das er später beim Bau des hochberühmten Palazzo Farnese angewandt hat.

Fassade des Palazzo Branconio *(rechte Seite)* von Raffaello Sanzio. Der heute zerstörte Palast wurde nach einem Entwurf Raffaels in den Jahren 1518 bis 1520 erbaut. Raffael wandelt Bramantes Palastkonzept, für das eine mit architektonischen Elementen geschmückte Fassade kennzeichnend ist, ab und kreiert seinen eigenständigen Prototyp, auf den dann zahlreiche Bauten in der ersten Hälfte des 16. Jahrhunderts zurückgreifen sollten.

gereifte Lexikon des Renaissancestils in die römische Architektur einführte. Sie war von einem Garten umgeben, in dem der Kardinal seine wertvolle Statuen- und Inschriftensammlung aufgestellt hatte, vor allem die Statue des Apoll von Belvedere, die heute im Vatikan steht.

Besondere Erwähnung verdient die Loggia des Belvedere im Vatikan. Sie wurde in den Jahren 1485 und 1487 von Papst Innozenz VIII. auf der Anhöhe des Vatikanhügels erbaut, als ein im Grünen gelegener und den freien Künsten gewidmeter Aussichtsort (die freien Künste sind zusammen mit naturalistischen Landschaften und den Büsten von Propheten an den Wänden dargestellt. Das Ganze umfaßte auch eine Kapelle, die von Mantegna mit Fresken ausgemalt und Ende des 18. Jahrhunderts zerstört wurde). Auch in diesem Fall sind nur wenige Räume rings um den auf Arkaden errichteten Portikus, den Mittelpunkt dieser Konstruktion, angeordnet; dennoch machen ein leichter, formenbezogener Gotizismus und der abschließende Zinnenkranz aus diesem Werk ein eindrucksvolles, wenn auch nicht innovatives Beispiel für eine Villa. Trotz ihrer unregelmäßigen Form, die auf den U-förmigen Grundriß hindeutet, den Pontelli bei der Palazzina eingeführt hatte, entspricht hier die Öffnung zur Landschaft hin weniger deutlich dem Stil der „Renaissance“ (von der erhöht gebauten Loggia führt kein direkter Zugang zum Garten). Die zierliche und kalligraphische Architektur verweist auf die Formensprache desselben Jacopo da Pietrasana, dessen Mitwirkung an der Loggia urkundlich nachgewiesen ist und der auch die Kirche des hl. Augustinus (Sant'Agostino) entwarf, ohne jedoch - wie dies bei Pontelli der Fall ist - in die neue Welt einzuführen, die sich mit Beginn des neuen Jahrhunderts öffnet.

Der Renaissancepalast: Ursprünge und Entwicklung des fürstlichen Wohnsitzes

Mit der Ankunft Bramantes in Rom um die Jahrhundertwende (um 1499) beginnt die bedeutendste Epoche römischer Architektur, die sie ohne Zweifel in den Mittelpunkt des Denkprozesses zur Formenlehre im Abendland stellt. Bramante hat die Vision, die Pracht und Monumentalität der antiken Architektur in modernen Formen wiederaufleben zu lassen. Dies führt zur entscheidenden Prägung des Renaissancegedankens, der sich nun über Jahrzehnte nicht nur in Rom verbreitet, sondern einen großen Teil der architektonischen Studien des 16. Jahrhunderts prägt.

Obwohl nur ein einziger Palast (er ist heute zerstört) mit Sicherheit Bramante zuzuschreiben ist, so untersuchte er dennoch dessen Typologie und gab ihr eine vollkommen neue Lösung. Der aus Urbino stammende Architekt arbeitete zwar lieber an sakraler und monumentaler Architektur, erstellte aber auch zahlreiche Entwürfe und Zeichnungen für verschiedene, niemals ausgeführte oder lediglich begonnene Werke, wie zum Beispiel für die Vatikanischen Paläste (sie sind dokumentiert, heute aber verschollen), für den Palazzo dei Tribunali (Gerichtspalast) in der Via Giulia (er wurde niemals fertiggestellt und ist heute praktisch zerstört) und für die Loggien des Vatikanspalastes im Innenhof von San Damaso (sie wurden von Raffael fertiggestellt). Sollte darüber hinaus ein Entwurf von ihm aus seiner ersten römischen Schaffenszeit (um 1500) dem Palazzo Giraud Torlonia nahe der Peterskirche zuzuordnen sein, so würde die offensichtliche Betrachtung, die er über den Palazzo della Cancelleria von Baccio Pontelli angestellt hat, zu neuen Überlegungen über das Erbe Pontellis in bezug auf das frühe 16. Jahrhundert veranlassen. Doch dies ist ein Problem, das an anderer Stelle zu behandeln ist. Von einiger Bedeutung ist hingegen der für Raffael (um 1510) geplante Palazzetto Caprini, der lediglich aus alten Entwürfen bekannt ist. Er begründet eine neue Fassadentypologie, bei der die einzelnen Geschosse stark durch die Betonung des Gebälks gekennzeichnet sind und Giebelfenster sich mit dorischen Halbsäulen abwechseln. Das untere Stockwerk hat eine Rustikafassade, während das Piano nobile sich stark auf eine die Fassade hervorhebende architektonische Ordnung stützt. Auch wenn Raffael diese Typologie, die das klassische Streben nach antiker Schönheit in eine zeitgemäße und plasti-

Der Lateranpalast von Domenico Fontana *(links)*.
Ein typisch römischer Palast aus der zweiten Hälfte des 16. Jahrhunderts, in dem das Konzept von Sangallo dazu verwendet wird, eine gleichzeitig schlichte (als Huldigung an die Prinzipien der Gegenreform) und großartige Wirkung des Bauwerks zu erzielen.

Palastentwurf von Antonio da Sangallo d. J. *(rechte Seite)*.
Die von Sangallo erfundene „modulare" Typologie ermöglicht eine unendlich variable Planung, wobei die gleichen Elemente in verschiedenen Zusammensetzungen angewandt werden. Dieses Modell eignet sich sowohl für monumentale (Palazzo Farnese) als auch für bescheidene Palastbauten (wie bei diesem Beispiel eines Palazzetto).

sche Formensprache übersetzt, bei vielen seiner architektonischen Werke (zum Beispiel dem Palazzo Jacopo da Brescia, um 1512-1515, und dem Palazzo Alberini, um 1518) wiederaufgegriffen hat, so war ihr trotzdem außerhalb der Tore Roms, zum Beispiel in Venedig, wo sie durch Sansovino bekannt wurde, noch größerer Erfolg beschieden. Anstelle dieser Auslegung Bramantes behauptet sich in Rom eine Variante, die, obwohl er den Anstoß dazu gab, schlichter und vielseitiger ist, fast modular. Diese Version beherrscht Antonio da Sangallo d. J. meisterhaft. Erst realisiert er sie an dem kleinen Palazzo Baldassini (1414-1422) und dann bei seinem Meisterwerk - dem Palazzo Farnese -, dem schönsten italienischen Renaissancepalast. Während er die einzelnen Stockwerke weiterhin durch klassizistische Rahmen stark akzentuiert, befreit Antonio die Fassade von der kostspieligen und dekorativen Steinrustika, indem er durch sie nur noch die Kanten verstärkt und dadurch die plastische und geometrische Gesamtheit des Gebäudes hervorhebt. Das Piano nobile verliert seine rhythmische Betonung durch Säulen oder Lisenen und wird nur noch durch die klassischen Fensterleibungen untergliedert, die im Falle des Palazzo Farnese von den majestätischen *aediculae* des Pantheons abgeleitet sind, aber auch durch viel einfachere Gesimse - wie zum Beispiel beim Palazzo Baldassini - ersetzt werden können. Damit setzt sich ein äußerst elegantes Modell durch, das mit einigen Abwandlungen leicht nachzuahmen ist. Es beherrschte nicht nur die römische (und europäische) Architektur bis zur Ankunft Berninis, sondern blieb in seinem Grundschema noch bis ins XIX. Jahrhundert hinein gültig. Das Atrium wird zu einem Raum, der seine Form nach dem Vorbild der römischen Rundtempel (Palazzo Baldassini) oder antiker Basiliken (Palazzo Farnese) erhält und in jedem Fall eine antike Feierlichkeit vermittelt. Das Säulenmotiv wird - in Anlehnung an das Modell der Vatikanischen Loggien von Bramante - vollkommen aus dem Innenhof verbannt und durch Pilaster ersetzt, die die Arkaden und angelehnten Lisenen stützen. Kurz gesagt, Antonio da Sangallo entwickelt die von Bramante und Raffael erarbeitete klassizistische Formensprache, die bei diesen beiden noch minuziös verfeinerte Akzente aufweist, zu einer flüssigen und durchgegliederten Ausdrucksweise weiter und trägt damit entscheidend zu ihrer allgemeinen Verbreitung bei.

Gerade Raffael werden diese Ansätze nicht fremd bleiben, und er wird sie später im Palazzo Pandolfini in Florenz und im Palazzo Branconio Dell'Aquila in seine Entwürfe einbeziehen: Er reduziert die Rustika auf das Portal und auf die Kanten, er läßt die architektonische Fassadenordnung außer acht, bleibt aber seinem Hang zu antik verfeinerten Dekorationselementen treu, was sich in den von Halbsäulen eingerahmten Fenstern, in den Giebelfeldern, Balustraden mit kleinen Pilastern, Nischen und auf „antik" gemachten Stuckdekorationen ausdrückt - dekorativen und baulichen Details, die von einem erfinderischen, von platonischen Ideen inspirierten Geist zeugen, der die Architektur dem Ausdruck unterworfen hat und nicht umgekehrt - wie Sangallo - den Ausdruck der Architektur. Bis um die Jahrhundertmitte sind in Rom sehr phantasievolle und eklektische Ausführungen sowohl des Palastmodells von Bramante als auch seines Pendants von Sangallo in einer Synthese unvergleichlicher formaler Eleganz zu finden, die auf einen fürstlichen und luxuriösen Lebensstil hindeuten. Es gehört zu diesem Lebensstil, daß man sich mit Statuen- und Bildersammlungen umgibt und in Räumen aufhält, die mit Fresken - zumeist profanen und den Lebensgenuß verherrlichenden Szenen - ausgemalt sind. Der Palast erweist sich als geeigneter Rahmen für das prunkvolle Leben der neuen Kirchenfürsten und ihrer Höflinge, die trotz der erschütternden Erfahrung der Plünderung Roms, des *Sacco di Roma* (1527), immer noch versuchen, die Anathemen der Reform und die schwierige

Palazzetto Zuccari in der Via Gregoriana von Federico Zuccari.
Dieses Bauwerk stellt den letzten Ausdruck des architektonischen Manierismus in Rom dar. Das eigenwillige Bauwerk von Zuccari vermischt städtische Stilformen mit grotesken Elementen, die eigentlich den Gärten der Villen vorbehalten waren.

internationale politische Situation zu ignorieren. Denken wir in diesem Zusammenhang an den Beitrag Baldassare Peruzzis, der mit dem Palazzo Massimo (1532–1536) die ausgesprochen originelle Typologie manieristisch überarbeitet, mit einem Portikus an der Vorderseite und Dekorationen von bewundernswertem antikisierendem Eklektizismus einer Geschmacksrichtung, die anstelle der für Raffael typischen Nüchternheit bereits die Unruhe und den *horror vacui* der „Übergangszeit" setzt. Oder erinnern wir uns an den Palazzo Maccarani von Giulio Romano (um 1521), der die feine Metrik Raffaels übernimmt und ins Gigantische vergrößert; den Palazzetto Leroy von Antonio da Sangallo (um 1523), der mit kostbaren Materialien und Strukturen experimentiert – Loggien, Serlianen, Giebelfeldern, Rustiken unterschiedlicher Maße, gemeißelten Rahmen –, bis zu dem Punkt, an dem Unruhe in die klassizistische Detailaufzählung gebracht wird; und schließlich an den Palazzo Spada, der Mitte des 16. Jahrhunderts erbaut und nach dem Vorbild von Raffaels Palazzo Branconio mit Stuckdekorationen und Malereien von Mazzoni bedeckt wird, wodurch er zu einem der besten Beispiele für den „internationalen" Manierismus wird. Das Finale dieser architektonischen Entwicklungstendenz wird verkörpert durch das virtuose „Solo" von Federico Zuccari, der die architektonischen Grundregeln über den Haufen wirft und eine aus dem baulichen Zusammenhang gerissene Gartenphantasie – eine monströse Riesengrimasse – in dem städtischen Palazzetto, den er für sich selbst in der Via Gregoriana baut, Gestalt annehmen läßt.

Tatsächlich überwiegt ab den frühen vierziger Jahren des 16. Jahrhunderts – zumindest was die Definition der äußeren Gestaltungselemente anbelangt – ein Prinzip der Schlichtheit, das – wie bereits ausgeführt wurde – in Übereinstimmung mit den neuen Richtlinien der Gegenreform dazu führt, daß die Matrix Sangallos triumphiert: Der Palazzo Ricci Sacchetti (um 1543 erbaut, von Antonio da Sangallo begonnen) gleicht nahezu einer Festung; Palazzo Massimo Lancellotti, das Werk eines der phantasievollsten und wunderlichsten manieristischen Architekten – Pirro Ligorio –, unterliegt bezeichnenderweise geschlossen einer schmucklosen und gewollt mystischen Regel, ohne jegliche Ausschweifung, auf der Grundlage des Palastmodells von Sangallo, aber schlichter und lediglich durch die durchgehende Stuckrustika veredelt. Auch der Palazzo Caetani von Annibale Lippi basiert auf demselben Grundkonzept größtmöglicher Schlichtheit.

Dieser Tendenz paßt sich Michelangelo nicht an, der sich allerdings – abgesehen von der Fertigstellung des Palazzo Farnese – nicht mit dem Thema Wohnpalast beschäftigt hat. Für den Palazzo Farnese baut er das prächtige und eindrucksvolle Kranzgesims, zentralisiert die Fassade mit dem von Marmorsäulen eingerahmten Mittelfenster, über dem das wunderbare Wappen der Farnese prangt, und verzerrt dadurch in Wirklichkeit das von Sangallo angestrebte Ideal der Schlichtheit und „Serienmäßigkeit". Im Innenhof verändert er den allgemeinen Entwurf nicht, setzt jedoch Fenster mit ausgefallenen Einfassungen ein, die mit bizarren Skulpturen (Stierköpfen und Girlanden) verziert sind. Beim Konservatorenpalast auf dem Kapitol führt er hingegen die neue Typologie einer „gigantischen" Geschoßordnung ein: übergroße, beide Stockwerke zusammenfassende Lisenen (die aufgrund ihrer Monumentalität, die sie ausstrahlen, besonders bei den europäischen Adelspalästen eine sehr große Verbreitung erfahren sollten); eine alles andere als minimalistische Gliederung des Ganzen und der einzelnen Stockwerke, die von einem starken Helldunkeleffekt lebt; eine von Statuen gekrönte Attika, die deutlich die Inspiration am klassischen Altertum erkennen läßt – allesamt bildkräftige, augenfällige Details, die als strukturelle Elemente eingesetzt werden.

Trotzdem findet das Experimentieren Michelangelos keine direkte Fortsetzung bei den römischen Palästen, und seine Hinterlassenschaft sollte erst im darauffolgenden Jahrhundert bei den bedeutenden Barockarchitekten Früchte tragen. In der zweiten Hälfte des 16. Jahrhunderts hingegen sind Architekten am Werk, die über eine große formale Gabe verfügen, wie zum Beispiel Domenico Fontana, Giacomo della Porta, Mascherino und Martino Longhi. Sie beschäftigen sich jedoch immer mit Bauwerken, die in reizvollen Varianten das Grundkonzept im Stil Sangallos wiederauf-

Villa Belvedere von Donato Bramante. Angrenzend an die Vatikanischen Paläste plante Bramante einen riesigen, in Terrassen angelegten Garten nach dem Vorbild der kaiserlichen Gärten in der Antike, in denen Marmorskulpturen und Bronzestatuen aus jener Zeit aufgestellt wurden. Heute ist er sehr verändert. Der Innenhof schließt mit der Piniennische von Pirro Ligorio ab.

nehmen. Die Pracht, die sich während der ersten Hälfte des Jahrhunderts primär auf die Außenfassaden konzentriert hat, ist nun bei der Dekoration der Innenräume wiederzufinden. Sie gewinnt mit ihren Freskenzyklen, Stuckdekorationen, den kostbaren hölzernen Kassettendecken und prächtigen Inneneinrichtungen immer mehr an Bedeutung, während die Außenfassaden - als Huldigung der Prinzipien der Gegenreform - eine nüchterne *Dignitas* ausstrahlen, eine Monumentalität, die jeglicher überflüssiger Zierde entbehrt.

Die Renaissancevilla – ein Ort der Freude und gebildeter Beschaulichkeit

Zu Beginn des 16. Jahrhunderts erreicht der kultivierte und erlesene Lebensstil, dessen Anhänger ihre Mußestunden in direktem Kontakt mit der Natur und mit humanistischen Studien verbrachten, mit der außergewöhnlichen *Koine* der Künstler und Literaten, die hier zusammengeströmt waren seinen Höhepunkt. Die „*Vigna*" des 15. Jahrhunderts, die bisher ihren ländlichen oder von antiken Reminiszenzen geprägten Charakter beibehalten hatte, entwickelt sich nun definitiv zu einem luxuriösen Wohnsitz (der nicht als ständiger Wohnsitz, sondern nur zur Erholung gedacht ist), in dem die üppige Ausstattung, die Sammlungen antiker Kunstschätze und die Fresken hervorragender Künstler ein absolut eigenständiges Ganzes schaffen.

Baldassare Peruzzi, dem die von Pontelli erbaute Palazzina ai Santi Apostoli von Giuliano Della Rovere als Vorbild dient, faßt deren Bauart und Sinngebung zusammen und baut in den Jahren 1507-1511 jene Villa für den wohlhabenden Bankier Agostino Chigi, die nach ihren späteren Besitzern heute als Villa Farnesina bezeichnet wird. Der U-förmige Grundriß steht ganz im Zeichen einer friedvollen und sanften Öffnung zur Natur hin, die von dem als Loggia ausgebauten Erdgeschoß noch zusätzlich betont wird. Diese Bauweise ermöglicht einen kontinuierlichen, spürbaren Austausch zwischen Drinnen und Draußen. Die klassischen Ordnungen umfangen die Oberflächen der Außenwände in feiner Harmonie. Das Gebäude wird von Raffael, sogar von Peruzzi selbst und weiteren Künstlern, wie zum Beispiel Sebastiano del Piombo und Sodoma, mit Szenen ausgeschmückt, die eine Apologie der heidnischen Welt der Antike sind. Von dem am Fluß gelegenen Garten blickt man sowohl auf die Ruinen des antiken Rom als auch auf die neueren Gebäude der Stadt.

In dieser Frühzeit der Renaissance und bis zum *Sacco di Roma* im Jahre 1527 ist die Antike das inspirierende Motiv einer Zivilisation, die sich nun erneut dem vergangenen Glanz der Kaiserzeit ebenbürtig fühlt. Um das Jahr 1518 entwirft Raffael eine Villa für den Kardinal Giulio Farnese, einen Vetter Papst Leos X., die dann den Namen Villa Madama bekommt. Die Ideen Vitruvs in bezug auf die Villa außerhalb der Stadt, die römischen Nymphäen und die Ausgrabungen antiker Villen leben wieder auf in einem neuen, zeitgemäßen Stil, der sich mit den antiken Vorbildern (von den weitläufigen, kassettierten, nach dem Vorbild der römischen Thermen gebauten Tonnengewölben bis zur Groteskenmalerei und heidnischen Szenen) identifiziert. Die Gärten werden mit geometrischer Regelmäßigkeit terrassiert, was den bereits entstehenden Gedanken des „italienischen Gartens" nun endgültig prägt. Unter dem Begriff „italienischer Garten" versteht man eine vor allem dekorative Anlage, die die Natur nach einer stark architektonischen und effektvollen Zeichnung in symmetrische Formen preßt, mit geometrischen Beeten, geraden Wegen, Freitreppen, Wasserbecken, Brunnen und Statuen: ein Modell, das in ganz Europa jahrhundertelang beibehalten wird.

Giulio Romano, der Lieblingsschüler Raffaels, erbaute das bereits „manieristische" Meisterwerk, die Villa Lante auf dem Gianicolo-Hügel. Sie stellt wenig mehr als eine offene Loggia dar, die am höchsten Punkt Roms errichtet wurde und über die Stadt blickt. Die *Serliana* Bramantes läßt das Bauwerk so luftig wirken, daß es sich zum Himmel zu fast auflöst.

Nach dem *Sacco di Roma* setzt sich das Bestreben, sich mit der Antike zu messen, unaufhörlich fort, weist jedoch etwas weniger „klassische" Züge auf. Die Antike wird nicht so sehr gelebt, sondern vielmehr gesammelt,

als ob man sich bewußt geworden wäre, daß diese Großartigkeit nicht wiederzuerlangen ist, sondern daß man sie lediglich aufbewahren kann. Außerdem wird nun – wie bei den Palästen – der gesamte Luxus und Prunk nach innen, auf die Abgeschiedenheit des Gartens, projiziert, während dort, wo sich die Gebäude der Straße präsentieren, sie schlicht und zurückhaltend wirken. So weist die von Vignola entworfene Fassade des Hauptgebäudes der von Papst Julius III. in den fünfziger Jahren errichteten Villa Giulia eine einfache Rustika auf, während sich im Inneren von den Brüdern Zuccari mit Blumenfresken bemalte Loggien auftaten und ein der Antike nachempfundenes, von Ammannati im manieristischen Stil gebautes Nymphäum sowie Rundtempel und über den ganzen Park verstreute Pavillons zum Verweilen einluden. Der „heidnische" Reichtum der Villa wurde von den Zeitgenossen des Papstes kritisiert, was auf eine Veränderung der allgemeinen Stimmung hindeutet. Dennoch behält die Freude an der Villa die Oberhand über die moralisierenden Strömungen der Gegenreform. Auch die Villa Medici (die samt ihrem Garten in den sechziger Jahren von Nanni di Baccio Bigio und dessen Sohn Annibale Lippi entworfen wurde) präsentiert sich der Stadt mit einer schlichten und schmucklosen, fast festungsähnlichen Fassade, während sich zu den Gärten hin eine Loggia von beeindruckendem Reichtum öffnet (sie wurde in den achtziger Jahren von Lorenzetto in einem Stil ausgeführt, den Pirro Ligorio erstmals beim *Casino* von Papst Pius IV. verwendet hatte), in der eine Fülle antiker Basreliefs, Büsten und Stuckdekorationen untergebracht ist. Pavillons mit Fresken naturalistischer Thematik bereichern den geometrischen Park, schaffen für jede Tageszeit Oasen von überraschender Schönheit und erinnern an Beschreibungen der Pavillons in den berühmten römischen *Horti.*

Zur Vervollständigung der Vatikanischen Gärten, in denen schon das Belvedere aus dem 15. Jahrhundert und die überwältigende, von Bramante nach dem Vorbild der kaiserlichen Gärten in der Antike entworfene Villa Belvedere stand – eine Anlage, die als Muster für alle im 16. Jahrhundert nach dem Vorbild der Antike neu angelegten Gärten diente –, baut Pirro Ligorio um das Jahr 1560 das bereits erwähnte *Casino* von Papst Pius IV. und eine Terrassen und Brunnen umfassende Anlage nach römischem Geschmack, der eine Vorliebe für die Antike hat, inzwischen einem manieristischen Hyperdekorativismus frönt und zwischen Regel und Übertretung, zwischen Philologie und Interpretation schwankt. Eine andere Art der „Verschmelzung" von Altem und Neuem stellen die *Horti Farnesiani* (Farnesischen Gärten) dar, in denen die echten Altertümer des Palatins einen reizvollen Kontrast zu den nachempfundenen in Form von Pavil-

Casino Papst Pius' IV. , erbaut von Pirro Ligorio (linke Seite).
In den Jahren 1559 bis 1562 erbaute Ligorio in den Vatikanischen Gärten dieses Casino nach antikem Vorbild. In der reichen Verzierung wird erkennbar, daß die manieristische Auffassung die Oberhand über die in der Renaissance entwickelte puristische Sicht der wiederentdeckten Antike gewinnt und diese grundlegend verändert.

Palazzo Barberini, erbaut von Carlo Maderno und Gian Lorenzo Bernini (rechts).
Begonnen wurde der Bau des Palastes von Maderno im traditionellen Baustil. Bernini komplettiert den Palast mit einer großen Loggia mit perspektivischen Ausschrägungen. Dadurch erneuert er das Konzept der Palastfassade grundlegend und verleiht ihr einen deutlichen barocken Einschlag.

lons, Brunnen, Grotten, Statuen und der italienischen Gärten bilden. Ein malerischer Vergleich, bei dem das Vorbild der Antike nunmehr als Hintergrund für die spielerische und wunderbare Einheit des farbenprächtigen Gartens - des Lustgartens - fungiert.

Die Villa Peretti Montalto (sie wurde nach 1576 von Domenico Fontana für Papst Sixtus V. entworfen; seit dem Bau des Bahnhofs Roma Termini ist die Villa komplett verschwunden) gilt bis zum Ende des 16. Jahrhunderts als Leitbild für den Stil der römischen Villa, mit ihren großen, immer prachtvolleren und mit Arabesken geschmückten italienischen Gärten, Brunnen und Wasserspielen, den immer größeren und kunstvoller ausgeführten Palazzine, bis sie zu richtigen Sommerresidenzen werden, die nicht mehr nur ausschließlich für die Freizeit und für die Vergnügungen ihrer lebenslustigen Besitzer gebaut werden.

Der barocke Palast

In der Übergangszeit zwischen dem Ende des 16. Jahrhunderts und der Frühzeit des voll ausgereiften Barockstils in der Architektur, Ende der zwanziger Jahre des 17. Jahrhunderts, sind sehr talentierte Persönlichkeiten am Werk, die den Boden bereiten für das Erscheinen des neuen, grandiosen Stils, der sich in der Stadt entwickelt. Ottaviano Mascherino, Flaminio Ponzio, aber vor allem Carlo Maderno (ein Neffe Domenico Fontanas) leisteten umfangreiche geistige Vorarbeit dafür, blieben in ihrer Formensprache aber noch dem späten 16. Jahrhundert verhaftet (im Grunde genommen dem Vermächtnis der Palastentwürfe Sangallos). Sie entwickeln neue Raumordnungen und Typologien der dekorativen Elemente in einer Geschmacksrichtung, die in den Werken der revolutionären Persönlichkeiten Berninis, Borrominis und Pietro da Cortonas ihre höchste Vollendung findet. Am Palazzo Borghese experimentiert Ponzio (als Nachfolger von Martino Longhi dem Älteren) mit illusionistischen und szenischen Stilmitteln, die den Mittelpunkt der barocken Thematik bilden. Der monumentale Innenhof des Palastes mit seinen Doppelsäulen, dessen hintere Seite sich zum Garten und zum Himmel hin öffnet, stellt einen Bruch dar mit dem formal begrenzten Raum des 16. Jahrhunderts. Ponzio eröffnet hiermit eine Perspektive, in der sich Helligkeit und Illusion überschneiden, aber auch in der Aufeinanderfolge der Innenräume, wo nun endlose Zimmerfluchten bevorzugt werden, was auf höchst originelle Weise den Eindruck von Weitläufigkeit und Monumentalität vermittelt. Um das Jahr 1625 herum beginnt Maderno mit dem Bau des Palazzo Barberini, der jedoch bei seinem Tod (1629) noch nicht fertiggestellt ist. Bernini und Borromini vollenden gemeinsam das Bauwerk. Der Palast wird mit einem ungewöhnlichen Grundriß konzipiert, der auf der für die städtischen Villen (Farnesina) typischen U-Form basiert und zweifellos deswegen gewählt wurde, weil er in Anbetracht der Randlage des Palastes und wegen des großen Gartens, der ihn umgab, als geeignete Lösung erschien. Indem er dem Grundriß eine eigentlich „artfremde" Typologie aufzwingt, erzielt Maderno ein typisch barockes Gemisch, das Bernini auf revolutionäre Weise zur Vollendung führt, indem er die große, nach vorne geöffnete Loggia in die Fassade einbaut und so ein Herausragen des umbauten Raums nach außen bewirkt, das sich die Architektur des 16. Jahrhunderts nie hätte einfallen lassen.

Mit Bernini eröffnet sich eine ganz neue Perspektive für die Geschichte des Palastes: räumliches Pathos, kunstvoll im Stadtgefüge in Szene gesetzt, und Fassaden, die neue, auf prunkvolle Machtdarstellung ausgerichtete typologische Entwürfe aufweisen. Die von Doppelsäulen getragene Freitreppe des Palazzo Barberini führt über konzentrische Rampen empor, baut das Thema der spiralförmigen Treppe dadurch weiter aus und wandelt ihren Grundriß zum Quadrat ab; das Licht fällt von oben herein, wodurch vielfältige und im Spiel des Lichtes reizvoll wechselnde Perspektiven geschaffen werden. Die Fassade des Palazzo di Montecitorio, der zunächst von den Ludovisi und dann von Papst Pamphili Mitte des Jahrhunderts in Auftrag gegeben wurde, ist auf zurückweichenden, schrägen Ebenen erarbeitet, die eine akzentuierte perspektivische Flucht suggerieren, womit das bisher allgemein angewandte flache und rechtwinklige Schema abgelöst wird. Außerdem tauchen in der Rustika im Erdgeschoß, das die gigantische Ordnung der oberen Stockwerke trägt, illusionistische und unregelmäßige Steine auf - eine für den Barock typische Nachahmung der Natur. Für den Palazzo Chigi Odescalchi entwirft Bernini eine

Altan des Palazzo Falconieri (links) *von Francesco Borromini.*
Auch anhand „klassischer" Elemente gibt Borromini der architektonischen Formensprache einen neuen Sinn: Der Raum wird geformt wie eine Skulptur und durch die durchbrochenen Einfassungen und Helldunkel-Effekte in Bewegung gehalten, wobei die dekorativen Elemente einem neuen und kraftvollen Gestaltungswillen entspringen.

Palazzo Barberini, Deckengemälde *„Triumph der göttlichen Vorsehung" von Pietro da Cortona (rechte Seite).*
Dieses zwischen 1633 und 1639 entstandene Deckengemälde ist das prunkvollste, das Rom im 17. Jahrhundert aufzuweisen hat. Es bildet den Auftakt zu den großartigen barocken Dekorationen römischer Paläste, deren Räume mit Fresken illusionistischer und kunstvoller Szenen ausgemalt sind.

ebenso bewegte Fassade, mit zwei zurückgesetzten Flügeln und einem von einer gigantischen Geschoßordnung charakterisiertem Hauptteil. Er führt Michelangelos Entwurf für die Kapitolinischen Paläste weiter, indem er diesen Hauptteil auf ein aus dem Erdgeschoß bestehendes Sockelgeschoß aufsetzt, womit er ein Thema anschneidet, das von Guarini bis Juvarra und Fischer von Erlach aufgegriffen und zum Kennzeichen des europäischen Barockpalastes wird - ein Bild kunstvoll inszenierter Pracht.

Borromini hingegen experimentiert bei den Palästen mit fein ausgearbeiteten dekorativen Details in einer komplexen und symbolischen Bildersprache und bringt auf diesem Gebiet - dank eines sprudelnden Ideenreichtums - wahre Wunderwerke zustande; in derRaumgestaltung geht er dynamisch und zielbewußt vor. Schon an den für den Palazzo Barberini entworfenen Fenstern und Portalen war eine bestimmte Unruhe erkennbar. Die Fensterleibungen und die Giebelfelder werden auf ungewohnte und überraschend spielerische Weise nach außen hin dekoriert - ein Stil, der sich bei zahlreichen Restaurierungsarbeiten an römischen Palästen von nun an durchsetzt (Palazzo Spada, Palazzo Carpegna, Palazzo Pamphili an der Piazza Navona und Palazzo Falconieri), für die Borromini Portale, Decken, Fenster und Innenräume ausführt. Paradoxerweise stellt er trotz seiner unzähligen Projekte keinen einzigen Palast außer dem für die „Propaganda Fide" (und der war kein Wohnpalast) und dem Palazzo Spada in Monte Giordano (er wurde zerstört) komplett fertig. Seine originellen Beiträge zur Architekturentwicklung sollten aber noch lange später nachwirken: Angefangen von der Entwicklung des Rokoko im darauffolgenden Jahrhundert und bis hin zum schwärmerischen Neoklassizismus Piranesis läßt sich sein Einfluß weiterverfolgen.

Pietro da Cortona baute zwar keine Paläste (es existieren jedoch kunstvolle Entwürfe zu diesem Thema), gab jedoch durch seine Deckenmalerei im Palazzo Barberini (1633-1639) dem Dekorationsstil der barocken Innenräume einen entscheidenden Impuls. Nur wenige Jahre zuvor hatte er die Fresken in der Galerie des Palazzo Mattei gemalt, die noch in einem aus Quadraturen bestehenden Schema im Stil von Carracci angelegt sind; bei seinem Deckengemälde im Palazzo Barberini löst er die Szene dynamisch aus den Feldern heraus und läßt sie in den offenen Himmel hinein ihre Fortsetzung finden und bringt dadurch das nunmehr voll entwickelte Lebensgefühl des Barock perfekt zum Ausdruck. Die mit Fresken bemalten Gewölbe der Paläste ersetzen jetzt endgültig die Bilderzyklen der Wandfresken aus dem 15. und 16. Jahrhundert, und an den frei werdenden Wänden ist nun Platz für die kostbaren Gemäldesammlungen, die von den einflußreichen Adelsfamilien zusammengetragen werden, sowie für die prunkvolle Innenausstattung und das Mobiliar, die in den ausgefallensten Formen den Reichtum zur Schau stellen. Dieser Tendenz entspricht ganz offensichtlich auch die technische Entwicklung der Palastkonstruktion. Die im 15. und 16. Jahrhundert vorwiegend verwendeten hölzernen Decken oder Kassettendecken werden durch ausgedehnte Tonnen- oder Kuppelgewölbe ersetzt, die die barocken Räumlichkeiten noch feierlicher und prächtiger wirken lassen.

Neben Borromini und Bernini arbeiten verschiedene Architekten in Rom, die ihren Teil dazu beitragen, daß die Stadt ein neues, vom 16. Jahrhundert geprägtes Gesicht erhält: Camillo Arcucci steuert mit dem Bau des Palazzo Grazioli und vor allem mit dem Palazzo Pio um die Mitte des Jahrhunderts originelle Musterbeispiele bei; Martino Longhi d. J. schafft mit dem Bau der Treppe im Palazzo Ruspoli ein Meisterwerk, das zwischen manieristischer Laune und barocker Großzügigkeit anzusiedeln ist; Giovanni Antonio De Rossi ist einer der kreativsten Palastarchitekten dieser Epoche: Das wird bereits beim Palazzo Altieri sichtbar, dessen unterschiedliche Räume von Innenhöfen und Freitreppen mit einer zwar nicht gerade genialen, aber doch wirkungsvollen Dramaturgie umrahmt werden, bis hin zu seinem Meisterwerk, dem Palazzo D'Aste Bonaparte an der Piazza Venezia, dessen Rundungen und plastisch gestaltete Bauglieder mit den ziemlich großen und originellen Giebelfeldern einen Gesamteindruck von elegantem, dekorativem Schwung ergeben; Gerolamo und Carlo Rainaldi führen den Bau des Palazzo Pamphili an der Piazza Navona durch.

Gegen Ende des Jahrhunderts läßt der Baueifer nach. Der finanzielle Aufwand, der nun vor allem der sakralen Architektur zugute kommt, aber auch der Tod der großen Barockbaumeister sind der Grund für diese Sta-

Palazzo Falconieri, Stuckdecke von Francesco Borromini.
Borromini, ein talentierter Stukkateur, schuf höchst eigenwillige Dekorationen, die dem Rokokostil den Weg bahnten.

gnation. Die Entwürfe präsentieren keine neuen Ideen mehr, sondern beschränken sich hauptsächlich auf Umbauten oder elegante Repliken bereits anerkannter Modelle; auf diesem Gebiet zu erwähnen sind vor allem Carlo Rainaldi (Palazzo Mancini in der Via del Corso, um 1662; das Nymphäum des Palazzo Borghese, 1672/1673), Mattia De Rossi und Carlo Fontana (der das originelle Portal des Palazzo Massimo, um 1695, entwarf und die nach einem Plan von Bernini erbaute Fassade des Palazzo Montecitorio in den Jahren 1694-1697 vollendete, indem er den Mittelteil mit einem Uhrturm krönte und das klassizistische Portal einfügte).

Die barocke Villa – ein Ort der Eleganz und Prachtentfaltung

Die dekorative und dramatisch inszenierte Pracht, die Domenico Fontana mit der Villa Peretti geschaffen hat, erlebt im 17. Jahrhundert eine grandiose Fortsetzung. Aus den Villen, die ursprünglich Orte privater Beschaulichkeit und erbaulicher oder gelehrter Betrachtungen waren, entwickeln sich die Villen zu prächtigen Kulissen, bei denen sich die perspektivische Täuschung aus den unendlichen, metamorphischen Variationen der Pflanzen, Wasserspiele, Statuen und der Pavillons ergibt.

Den Ausgangspunkt dieser von Prachtentfaltung und erlesener Großartigkeit geprägten „Mode" bilden die Bauwerke, die Scipione Borghese – der willensstarke und größenwahnsinnige Neffe Papst Pauls V. – in Auftrag gegeben hat. Giovanni Vasanzio (Jan van Santen) war der vielseitig begabte Architekt, der zusammen mit Flaminio Ponzio und Carlo Maderno, dessen Vorstellungen in diesem eleganten Stil, der den Übergang vom Manierismus zum Barock kennzeichnet, umsetzt. Ausgehend von dem Vorbild Ligorio und Lorenzetto baut er das prächtige *Casino* der Villa Borghese nach umgearbeiteten Plänen von Ponzio (um 1609; an den Außenwänden waren nicht weniger als 144 in Stuck eingefaßte Basreliefs, 70 Büsten und 43 antike Statuen angebracht). Gerolamo Rainaldi führt das Vogelhaus und das Grüne Theater aus – Gebäude, die sich durch eine irreale, Ariost nachempfundene Weitläufigkeit auszeichnen und von einem riesigen Park umgeben sind. Vasanzio schmückt auch die Vatikanischen Gärten mit bizarren und visionären Brunnen (Fontana dell'Aquila, 1614, und Fontana della Nave, 1618); außerdem arbeitet er am Palazzo Pallavicini Rospigliosi und an den Pavillons des Parks (Aurora-Casino). Die Villa Borghese entstand (um 1603) auf Wunsch von Scipione Borghese ursprünglich als Stadtvilla und wurde dann nach seinem Besitzerwechsel in jeder Hinsicht in einen Palast umgewandelt. Vasanzio baute ihn gemeinsam mit Ponzio und Maderno (wobei letzterer aller Wahrscheinlichkeit nach die Pläne für den neuen Palast und das *Casino* entwarf).

Nach dem Vorbild der Villa Borghese – sie wurde als würdiger Aufbewahrungsort konzipiert, um die sagenhafte Gemälde- und Statuensammlung aufzunehmen, in die Scipione sehr viel Geld investierte – legten die römischen Adelsfamilien nun endlos große, mit seltenen Tieren bevölkerte Parks an, in denen sich geometrische, also italienische Gärten, naturbelassene Wälder, Brunnen und Teiche, pächtige und kunstvoll dekorierte Gebäude der bedeutendsten Künstler dieser Epoche befanden. Diese Parks lagen durchwegs – wie bereits erwähnt – innerhalb der Stadtmauern oder unmittelbar an sie angrenzend, waren jedoch nicht mehr der intime Rahmen privater Lebensgewohnheiten und geselligen Beisammenseins wie noch im 16. Jahrhundert, sondern dienten der übertriebenen Zurschaustellung von Macht und Reichtum.

Kardinal Ludovico Ludovisi beginnt im Jahre 1622 mit den Arbeiten an einer riesigen Villa (heute ist sie unter den Palästen des Pinciano-Viertels begraben; erhalten blieb nur das sogenannte Aurora-*Casino* oder *Casino* del Monte), die insgesamt fünf große und mittelgroße Gebäude umfaßte und Ludovisis berühmte Antikensammlung aufnahm (im *Casino* Capponi). Der Kardinal beauftragt Guercino damit, das „*Casino* del Monte" mit Fresken auszumalen, und Domenichino entwirft einen Teil des Gartens.

Ende der zwanziger Jahre plant Pietro da Cortona für die Familie Sacchetti die prunkvolle (leider inzwischen zerstörte) Villa del Pigneto. Sie stellt die erste ausgeprägt barocke Variante einer Villa dar, den Anfang eines neuen stilistischen Repertoires. Einander gegenüberliegende Terrassenanlagen, Gebäude, die sich mit Brunnen und natürlichen Felsen vermengen, Halbkreise, die einen bereits durch stufenförmig versetzte Ebenen und eine große Nische in der Mitte untergliederten Raum nach außen erweitern, Statuen und Basreliefs, die in ständigem Dialog mit Pflanzen und Nischen stehen, bilden eine prachtvolle Kulisse von einmaligem Reiz.

Die Familie Pamphili erwirbt im Jahre 1630 eine unweit der Porta San Pancrazio außerhalb der Stadtmauern gelegene Villa, die im Jahre 1644 mit dem wunderschönen *Casino* del Bel Respiro geschmückt wird. Die Planung des neuen, mit antiken Reliefs reich verzierten Bauwerks übernimmt Alessandro Algardi; ausgeführt wird es von Grimaldi. Das auf einem Sockel errichtete Casino überragt den in geometrischen Formen angelegten Garten mit den darin verstreuten Statuen und antiken Sarkophagen. Die um die Mitte des Jahrhunderts erbaute Villa, in der sowohl Merkmale des *Casino* der Villa Borghese als auch der Villa del Pigneto anklingen, verkörpert die Version des apollinischen Klassizismus, der in der barocken Formensprache zum Ausdruck kommt.

Rom umgibt sich zu jener Zeit mit einem Ring aus mehr oder weniger großen und eindrucksvollen Villen, die an jeder bisher unbebaut gebliebenen Stelle errichtet werden. An ihrer Planung und Ausstattung arbeiten hochrangige Künstler und tüchtige Handwerker emsig Hand in Hand und entwickeln dabei eine Auffassung von Architektur, die das Streben nach ästhetischem Genuß in den Vordergrund stellt und zu einer Lebensphilosophie wird: So entstehen die mit Kunstschätzen angefüllten *Casini*, Lust-

Palazzo di Montecitorio, erbaut von Bernini um die Mitte des 17. Jahrhunderts. Die Fassade hat eine originelle Struktur. Die zurückgesetzten Seitenflügel unterstreichen ihre Dimension. Das Hauptportal und der krönende Abschluß der Fassade, die gegen Ende des Jahrhunderts realisiert wurden, sind hingegen das Werk von Carlo Fontana.

Das Casino Belrespiro der Villa Pamphili von Alessandro Algardi.
Eine der schönsten römischen (erhaltenen) Villen des 17. Jahrhunderts. Der Hauptteil mit dem Casino und dem terrassierten italienischen Garten wurde von dem Bildhauer Alessandro Algardi im barocken, durch ein apollinisches und klassizistisches Maß gezügelten Geschmack geschaffen.

schlösser mit Gärten, in denen illusionistische Perspektiven mit naturbelassenen Bereichen abwechseln, und Ausblicken über die Stadt, die auf den Hang zum Pittoresken im nächsten Jahrhundert hinweisen.

Der Palast des 18. Jahrhunderts – zwischen Anmut und Erhabenheit

Im 18. Jahrhundert findet Rom zur schöpferischen Lebenskraft zurück, die es in den letzten Jahrzehnten des vorhergehenden Jahrhunderts fast vollkommen eingebüßt hatte. Dank der tatkräftigen Unterstützung durch eine Vielzahl exzellenter Steinmetze und Stukkateure passen die Architekten des 18. Jahrhunderts die Formensprache der Meister an das neue Gefühl für dekorative Ausstattung an, das im Einklang mit den neuen Bestrebungen in Europa steht und diese umgekehrt auch wieder beeinflußt.

Vor diesem Hintergrund ist die Ausbildungszeit, die Filippo Juvarra im ersten Jahrzehnt des Jahrhunderts in Rom verbringt, ausschlaggebend für seine spätere Entwicklung: Als Bühnenbildner schuf er Kulissen für Theateraufführungen. Unter seinen Arbeiten auf dem Gebiet der Architektur zählen nur wenige Werke in Rom, darunter die Fertigstellung des Palazzetto Zuccari zu einer Ädikula mit Loggia – ein Werk in einem kapriziösen, aber gleichzeitig klassizistische Züge aufweisenden Stil (Juvarra war ein Schüler von Carlo Fontana), der in Juvarras Palästen in Turin voll ausreift und zum architektonischen Leitbild der europäischen Paläste wird.

Ein kreativer Baumeister bürgerlicher Architektur war Alessandro Specchi, der Erbauer des (zerstörten) Hafens an der Ripetta. Für den Palazzo Pichini an der Piazza Farnese (um 1710) entwirft Specchi nach dem Vorbild der neapolitanischen Treppen eine offene und sehr effektvolle Treppe, die typisch für den Stil des Rokoko ist. Beim Bau anderer Paläste hingegen, (wie zum Beispiel beim Palazzo De Carolis am Corso, 1714-1724, oder dem Palazzo Del Drago bei den Quattro Fontane) verwendet er eine sehr feierliche und klassizistische Sprache, die auf architektonischem Gebiet der Sprache der Arkadier in der Literatur entspricht.

In den Jahren 1731-1733 restauriert Gabriele Valvassori den am Corso gelegenen Palazzo Doria Pamphili und gibt ihm eine der schönsten Fassaden in Rom. Er übersetzt Borromini in eine moderne und malerische, zwischen Anmut und Erhabenheit angesiedelte Formensprache, sprengt die Fesseln der herkömmlichen Gesetze der Komposition, greift die reichverzierten und ursprünglichen Fensterleibungen wieder auf und bezieht ganz klar Position gegen die klassizistische Argumentation in dem sich zu diesem Zeitpunkt in Rom entwickelnden Streit, die sich als eine frühe Vorwegnahme des Neoklassizismus herausstellen sollte.

Zum gleichen Zeitpunkt plant Ferdinando Fuga eine Reihe herrlicher Paläste: den Palazzo della Consulta (1732-1734), Palazzo Corsini (1736) und den Palazzo Cenci Bolognetti an der Piazza del Gesù. Für den Bau des Palazzo della Consulta legt er einen monumentalen Entwurf vor, bei dem die Fassadenordnung von äußerst eleganten Bildhauerarbeiten wie von musikalischen Schnörkeln unterbrochen wird – ganz nach dem Geschmack der europäischen Königshäuser. Die Treppe besteht aus einer neuen, ebenfalls virtuosen Variante der eindrucksvollen neapolitanischen Treppen. Für den Palazzo Corsini baut Fuga illusionistische und majestätische Räume, die gemeinsam mit denen von Juvarra als Vorbild für die Werke Luigi Vanvitellis dienen. Dessen Auffassung von Klassizismus wiederum ist an der von ihm (gemeinsam mit Nicola Salvi) erweiterten Fassade des Palazzo Chigi Odescalchi zu erkennen, der nach Berninis Entwürfen erbaut worden war.

Ein grundlegender Beitrag zur Entwicklung des Stils zwischen dem äußerst phantasievollen Rokoko und dem Neoklassizismus wird jedoch auch von weniger bekannten Architekten geleistet, die sich große Verdienste durch ihre Fähigkeit erwarben, auf den Baustellen phantasievolle und überaus fähige Stukkateure zu beschäftigen, die den Bauwerken ihren – wenn auch namenlosen – Stempel durch Dekorationen im zauberhaftesten Rokokostil aufdrückten: zum Beispiel Nicola Michetti, der um das Jahr 1730 herum dem Palazzo Colonna ai Santi Apostoli sein heutiges Aussehen gibt; unbekannte Baumeister statten den Palazzo del Grillo zeitgemäß aus – mit dem Nymphäum von Rainaldi und dem außergewöhnlich aufwendig gearbeiteten Deckenstuck (aufgrund dessen sich Giuseppe Sardi einen Namen gemacht hat); unbekannt bleiben auch die Baumeister der Wohnungen, die im 18. Jahrhundert im Palazzo Barberini ausgestaltet werden, oder auch des Palazzo Rondinini, der um die Jahrhundertmitte

von Alessandro Dori renoviert wird. Im Gegensatz zum vorausgegangenen Jahrhundert besinnt man sich wieder auf prachtvolle Wanddekorationen und konzipiert Räume von anspruchsvoller und einladender Eleganz.

Der letzte große Palastbau des 18. Jahrhunderts in Rom wird von Luigi und Romualdo Braschi in Auftrag gegeben, den Neffen Papst Pius' VI., und zwar 1790 an Cosimo Morelli, den sie dem Architekten Luigi Valadier vorziehen. Morelli greift auf Sangallos Palastkonzept aus dem 16. Jahrhundert zurück und belebt es durch den langen, horizontalen Balkon und das breite Kranzgesims. Die zu diesem Zeitpunkt bereits vorherrschende neoklassizistische Tendenz wird außer acht gelassen. Morelli baut einen in seinem Stellenwert meist unterschätzten Palast, der zum Vorbild für die nach der Vereinigung Italiens gebauten Paläste wird (unter diesem Gesichtspunkt ist auch die monumentale Freitreppe von großem Interesse) und auch die eklektizistische Architektur im 19. Jahrhundert mit ihrer Rückbesinnung auf den Baustil des 16. Jahrhunderts vorwegnimmt.

Doch die Epoche der großen Adelspaläste erscheint bereits in schwindendem Glanz, seit im frühen 18. Jahrhundert die finanziellen Mittel zunehmend für den Bau von „Wohnhäusern" verwandt werden - Gebäude mit mehreren Bewohnern, die sich untereinander allerdings nicht kennen. Dieses Modell entsprach weitaus besser der Entwicklung der bürgerlichen Gesellschaft. Von den immer zahlreicher werdenden Beispielen ist der von Raguzzini erbaute Komplex an der Piazza di Sant'Ignazio (1726-1728) zu erwähnen, in dem das beschwingte, an Borromini erinnernde Lebensgefühl des sogenannten römischen Spätbarock zum Ausdruck kommt.

Die Villa des 18. Jahrhunderts

Die wirtschaftliche Lage Roms im 18. Jahrhundert, die mit der Situation in der ersten Hälfte des vorherigen Jahrhunderts überhaupt nicht vergleichbar ist, führt zu sehr eigentümlichen Bauweisen bei den Villen außerhalb der Stadt (fast alle Villen des 18. Jahrhunderts sind außerhalb der Aurelianischen Mauer gebaut, allerdings in ihrer unmittelbaren Nähe, da die innerhalb der Mauern gelegenen Stadtgebiete Roms bereits sehr intensiv bebaut worden waren). Im 18. Jahrhundert werden (bis auf ganz wenige Ausnahmen) fast keine monumentalen Bauwerke mehr errichtet, sondern vielmehr die Gärten und die schon existenten Villen verschönert und bereichert. Die Neubauten dieser Zeit zeichnen sich durch eine phantasievolle, aber nicht monumentale Eleganz aus. Abgezeichnet hatte sich diese Entwicklung bereits bei einigen Bauwerken aus der zweiten Hälfte des 17. Jahrhunderts, wie zum Beispiel der Villa Corsini ai Quattro Venti (die Simone Salvi zugeschrieben wird; sie wurde um 1690 erbaut und ist heute nicht mehr vorhanden) - ein unscheinbarer Pavillon, dessen Fassade sich vertikal zu einem bizarren Abschluß entwickelt und am Sockel zu einer Arkade öffnet; oder aber die Villa d'Alibert, die ebenfalls sehr kleine Räume hat, aber dank ihrer mit einer Loggia ausgestatteten Fassade eher wie eine Kulisse aussieht.

Die ab dem Jahre 1715 von Kardinal Giovanni Battista erbaute Villa Patrizi (sie wurde im 19. Jahrhundert abgerissen) wendet noch grandiose Maßstäbe an. Ihr Vorbild war die kuriose Villa Il Vascello (eine bizarre

Palazzo della Consulta *(links)* von Ferdinando Fuga.
Fuga war einer bedeutendsten Architekten Roms im 18. Jahrhundert, und dieser beschwingt-höfische Palast ist eines seiner Meisterwerke. Ein unterschwelliger Klassizismus, der allerdings durch virtuose bildhauerische, die Fassade einfassende Elemente belebt wird, reiht den Palazzo della Consulta in eine Stilrichtung ein, die sich rasch in Europa verbreitete.

Villa dei Cavalieri di Malta (Villa der Malteserritter) auf dem Aventin von Giovan Battista Piranesi: Einfriedungsmauer *(rechte Seite)*.
Der einzige architektonische Komplex, der von Piranesi erbaut wurde, ist die visionäre Rückgewinnung einer geträumten und reinterpretierten Antike, die den neoklassizistischen Stil überwindet und eine vorromantische Empfindsamkeit ahnen läßt.

Mischung aus naturalistischen und illusorischen Elementen, die im Jahre 1663 von dem Architekten und Maler Basilio Ricci und seiner Schwester Plautilla - Malerin wie ihr Bruder - erbaut wurde; heute sind von der Villa nur noch wenige Überreste erhalten). Ihr Architekt, Sebastiano Cipriani, war einer der besten Rokokoarchitekten Roms. Gemeinsam mit Alessandro Specchi befreit er sich von den akademischen Fesseln des späten 17. Jahrhunderts, um phantasievolle Gebäude und bizarre Dekorationen zu kreieren, wobei die beiden hinsichtlich der Bauglieder und der kapriziösen Profile wieder auf den Stil Borrominis zurückgreifen.

Der andere Monumentalbau, die letzte große Villa Roms im 18. Jahrhundert, ist die Villa Albani. Sie wurde Mitte des Jahrhunderts für Kardinal Alessandro gebaut, einen Neffen Papst Clemens' XI., der ein großer Antikensammler und ein Gönner Winckelmanns war. Entworfen wurde die Villa Albani von Carlo Marchionni, um die Marmorsammlung des Kardinals aufzunehmen. Die Villa ist nach einem horizontalen Plan angelegt, der die (fast schon als Unterwürfigkeit zu bezeichnende) neue Beziehung zur Natur hervorhebt und Anklänge an die gerade entstehende Poesie des Pittoresken und des Natürlich-Erhabenen aufweist.

Unter dem architektonischen Gesichtspunkt stellt sie mit ihrem akademischen Rhythmus eine Übergangsform vom noch „arkadischen" Klassizismus (nach der Lehre von Fuga) zu einem Streben dar, das sich unter dem Einfluß der neuen Denkweisen von Winckelmann („edle Einfalt, stille Größe") und Piranesi auf den Neoklassizismus hin orientiert.

Die anderen Bauwerke aus dem 18. Jahrhundert erscheinen in bezug auf die Größe sehr viel bescheidener: Bosco Parrasio, ein Versammlungsort der Akademie der Arkadier, besteht aus einer pittoresken Freitreppe mit einem kleinen Theater; beide wurden von Antonio Canevari im Jahre 1725 entworfen, der sich dazu von dem zeitgenössischen Meisterwerk Francesco De Sanctis, der Freitreppe auf der Piazza di Spagna (1723-1726), inspirieren ließ. Besondere Erwähnung verdient das *Kaffeehaus* in den Gärten des Quirinals, das zur Vollendung des Gartens aus dem 16. und 17. Jahrhundert von Fuga im Jahre 1741 geplant wurde - ein bezauberndes Meisterwerk des 18. Jahrhunderts, Verkörperung eines „internationalen" spätbarocken Geschmacks. Als Beispiel für die schlichtere, weniger klassizistische Stilrichtung sei die Villa Gentili - ein Lehrstück der Borromini-Schule - von Raguzzini erwähnt, einem Meister dieses römischen Spätbarocks, und an die Villa Chigi (1763). Letztere ähnelt von außen einem Landhaus, das mit schlichter Eleganz dem zeitgenössischen Geschmack angepaßt wurde. Innen entpuppt sie sich jedoch als Kleinod der Stuck- und Freskendekorationen an der Schwelle zwischen Rokoko und dem neuen pittoresken „englischen" Stil, wie zum Beispiel im Thebaissaal, der von Francesco Nubale mit illusionistischen Szenen wilder, mit Eremiten bevölkerter Felsen ausgemalt wurde.

Am Ende dieser jahrhundertelangen Entwicklung architektonischer Studien und Bauwerke zum Thema Villa steht das einzige von dem begnadeten Künstler Piranesi im Jahre 1764 realisierte architektonische Werk: die Villa dei Cavalieri di Malta auf dem Aventin. Die spektakuläre, von Obelisken, Gefäßen, Inschriften und Trophäen gekrönte Einfriedungsmauer wird von Piranesi erneuert, der den feierlichen Barockstil Fugas aufgreift und auf eine visionäre, fast traumbildnerische Welt überträgt. Darin tummeln sich antike, neuerfundene Zitate in einem Stil, der von Borromini sein könnte, den Weg aber nicht nur für den bevorstehenden Neoklassizismus bereitet, sondern darüber hinaus auch für das psychologische Pathos der europäischen Romantik.

Die Renaissancepaläste

Ausschnitt aus den Fresken von Francesco Salviati in der Kapelle des Palazzo della Cancelleria.

Palazzo della Cancelleria

Über den ehemaligen Pferdeställen *(stabulae factionis)* neben dem Pompejustheater war zu Beginn der christlichen Epoche unter dem Namen *„Titulus“* ein einfaches religiöses Zentrum entstanden. Im 4. Jahrhundert wurde dieses Zentrum von Papst Damasus um eine Kirche, die an das Martyrium des heiligen Laurentius erinnert, erweitert. Neben der Kirche wurde ein Gebäude errichtet, in dem die heiligen Schriften der römischen Kirche verwahrt wurden. Als ein Jahrtausend später Papst Sixtus IV. in dem Bestreben, die vergangene Größe Roms wiederherzustellen, Renovierungsarbeiten in Angriff nahm, die auch den Bau von Brücken, Krankenhäusern und Kirchen nach sich zogen, kam dem Palast seines Neffen Raffaele Riario eine zentrale Bedeutung zu. Unter Papst Sixtus IV. war das Ideal der humanistischen Renaissance im Rom des 15. Jahrhunderts endgültig ausgereift, und das Übergreifen dieser kulturellen Strömung, die in Urbino entstanden war, wurde am Beispiel des Palazzo der Familie Riario erkennbar: Er drückte die Anliegen der neuen Bestrebungen dieser Epoche aus.

Das Portal wurde erst im Jahre 1589, nach der Fertigstellung des Palastes, nach einem Entwurf von Domenico Fontana angefertigt.

Das Wappen der Familie Della Rovere wurde von Papst Julius II. Della Rovere an der eindrucksvollen Ecke des Palastes *(rechte Seite)* angebracht.

Das von Strabo gepriesene Marsfeld in einem derartig verfallenen Zustand, daß es nur noch aus einem formlosen, unentwirrbaren Labyrinth enger Gäßchen bestand. Hier wollte Papst Sixtus Abhilfe schaffen. Das gewaltige Bauwerk des großartigen Palastes paßte in sein ehrgeiziges Sanierungsprojekt. Es erhob sich nur zum Teil an der Stelle, an der das alte Heiligtum gestanden hatte, das - wie aus kürzlich im Innenhof durchgeführten archäologischen Ausgrabungen hervorgeht - eine andere Ausrichtung und andere Proportionen hatte und das von dem Auftraggeber in seinen prächtigen Palast, den eindrucksvollsten und erlesensten römischen Palast des 15. Jahrhunderts, miteinbezogen wurde. Raffaele Riario wurde, obwohl er kein Priester war, im Jahre 1477 zum Kardinaldiakon der Kirche San Giorgio al Velabro ernannt, was ihm den Beinamen „San Giorgio" einbrachte. Anläßlich der Investitur in der Kirche San Damaso in Lorenzo bekam Riario im Jahre 1483 das Privileg der lebenslangen Nutzung des angrenzenden Palastes zugesprochen, den er sofort zu modernisieren begann. Mit dem Abriß des alten Gebäudes und der Kirche wurde im Jahre 1484 (dem Todesjahr von Papst Sixtus IV.) begonnen, wie aus der Inschrift in der Hauptfassade hervorgeht. Die Bauarbeiten dauerten bis 1495. Der Innenausbau wurde nach der Ernennung Raffaele Riarios zum Bischof von Ostia im Jahre 1511 fertiggestellt.

Riario hatte die Kardinalswürde sehr jung, im Alter von siebzehn Jahren, erhalten und sehr viel Glück in seinem Leben gehabt. Nur zwei unliebsame Begebenheiten, die jeweils zu seiner Verhaftung wegen Konspiration führten, unterbrachen seine

Die Kapelle wurde von Francesco Salviati um 1550 in jenem reichverzierten, eleganten Stil ausgestaltet, der sich in Rom verbreitet hatte und durch eine gekonnte Mischung aus Stuckwerk, Malerei und Fresken eine große Wirkung erzielte.

Das Altarbild *(unten)*, das die *„Geburt Jesu" (La Navità)* darstellt, wurde von Salviati in Öl auf eine Peperinplatte gemalt.
Der heilige Josef trägt die Züge Papst Pauls III. , der den Auftrag zum Bau der Kapelle gab.

Glückssträhne. Das erste Mal wurde er 1478 verhaftet, wegen seiner Beteiligung an der „Congiura dei Pazzi" (Die Verschwörung der Pazzi), und 40 Jahre später noch einmal, diesmal aufgrund seiner Teilnahme an der Verschwörung gegen Papst Leo X. Er wurde sowohl von Melozzo da Forlì in einem Fresko porträtiert, das heute in der Pinakothek des Vatikans aufbewahrt wird, als auch von Raffael in der *Messa di Bolsena* in den Stanzen des Päpstlichen Gerichtshofes (ital. *Segnatura*). In seinem ganzen Trachten war er ein Mann der Renaissance. Er baute den Palazzo di San Damaso wieder auf und integrierte sogar - nach dem Vorbild des Palazzo Venezia - die Kirche in das Gebäude, als handele es sich um eine Palastkapelle. Wie aus einer Anekdote im *„Diario dell'Infessura"*, dem Tagebuch von Stefano Infessura, hervorgeht, gewann der Kardinal bei einem Würfelspiel von Franceschetto Cybo 14 000 Dukaten. Der Papst legte ihm daraufhin nahe, dem Verlierer das Geld wieder zurückzuerstatten. Riario antwortete jedoch, er habe das Geld bereits für Holz, Ziegel und Steine, die er für den Bau des Palastes benötige, ausgegeben.
Pietro Aretino bestätigt diesen Vorfall in seinem Brief vom 22. November 1537 an den berühmten Messer Giovanni Bolani, in dem er schrieb: „Ganze Tage lang hörte ich ihn erörtern, auf welche Art und Weise San Giorgio 60 000 Dukaten von Signor Franceschetto gewonnen habe und wie mit diesem Gewinn der Palast am Campo dei Fiori gebaut werde". Die Arbeiten schritten derart schnell voran, daß 1492 die Läden in der Via Pellegrino bereits vermietet waren. Die vollkommen mit Travertin verkleidete Hauptfassade, die in zwei Lisenenordnungen untergliedert ist, war bereits drei Jahre später fertiggestellt.

Francesco Salviati malte verschiedene, untereinander nicht zusammenhängende Themen, die er allerdings durchwegs in einem einheitlichen Stil behandelte, wie beispielsweise die *Enthauptung Johannes' des Täufers; übernächste Seite)* und die *Schmiede des Vulkanus (rechte Seite).* Die Szenen der Fresken werden von aufwendig gestalteten Rahmen zusätzlich hervorgehoben.

Der Haupteingang wurde 1589 völlig umgestaltet, und zwar nach einem Entwurf von Domenico Fontana, der damit von dem berühmten Großneffen Sixtus' V., Alessandro Peretti, dem damaligen Vizekanzler, beauftragt worden war. An beiden Seiten des Eingangs wurde eine vom Septizonium stammende Granitsäule aufgestellt.
Da keine eindeutigen urkundlichen Angaben vorhanden sind, kann man nicht mit Sicherheit sagen, wer der Architekt des Palastes war, doch er muß ein sehr bedeutender

Mann gewesen sein. Vasari bestätigt die Theorie, daß Bramante, dem die technische Aufsicht anvertraut war, als Berater mitwirkte, denn er schreibt: „Sein Ansehen stieg, und er wurde mit anderen trefflichen Architekten zum Bau eines großen Teils des Palastes von San Giorgio hinzugezogen, den Raffaello Riario, der Kardinal von San Giorgio, am Campo dei Fiori erbauen ließ. Ist auch nachmals Besseres gebaut worden, so galt dennoch dieses Gebäude – und gilt noch jetzt – seiner Größe wegen als eine bequeme und prächtige Wohnung; es wurde von Antonio Montecavallo ausgeführt."
Die Behauptung, Bramante hätte an dem Bau mitgewirkt, erwies sich jedoch als unhaltbar, da er sich nachweislich bis zum Jahre 1496 in der Lombardei aufhielt. Die Erweiterung der Fassade, die Untergliederung durch Pilaster und die Abstände zeugen hingegen von jenem mathematischen Streben nach Harmonie auf der Grundlage des Goldenen Schnitts, das typisch war für Baccio Pontelli, den größten römischen Architekten des 15. Jahrhunderts. Frommel folgert daraus schlüssig, daß der Palast Pontelli zuzuschreiben ist.
Der feierlich-monumentale Innenhof, der eigenartig dezentralisiert erscheint, entwickelt sich über die ganze Höhe des Gebäudes, mit einer doppelten Arkadenordnung, auf die eine Attika aus Ziegelsteinen aufgesetzt ist, untergliedert von Lisenen und Fenstern nach dem Vorbild des Herzogspalastes von Urbino. Michelangelo kannte den Palazzo della Cancelleria gut und bewunderte die Harmonie des Palastes. Er hatte dem Kardinal die Skulptur eines schlafenden Cupido verkauft. In die Fassade und zwischen den einzelnen Geschoßordnungen wurde das Motiv der Rose – die Wappenblume der Familie Riario – eingemeißelt. Die Räume wurden mit großartigen holzgeschnitzten, mit dem Wappen des Kardinals dekorierten Kassettendecken ausgeschmückt, deren Entwurf sich an den antiken römischen Gewölben orientierte. Mitte des Jahrhunderts wurde die Innenausstattung wieder in Angriff genommen, und zwar an mehreren Baustellen nacheinander. In der Cappella del Palio malte Francesco Salviati die *Bekehrung des heiligen Paulus* und Szenen wie das *Martyrium des heiligen Laurentius* und die *Enthauptung Johannes'*

Die in die Länge gezogenen Figuren in den Zwickeln des Gewölbes zeugen von der Verbreitung manieristischer Elemente, die Salviati meisterlich einzusetzen verstand.

Nächste Doppelseite
Giorgio Vasari begann im Sommer 1546, während des Pontifikats von Papst Paul III. Farnese, mit der Ausgestaltung des *Hundert-Tage-Saals (Sala dei Cento Giorni).*

des Täufers. Perin del Vaga arbeitete in dem Turmsaal, der direkt an den Garten angrenzte. Der Hundert-Tage-Saal *(Sala dei Cento Giorni)*, der von Vasari und einer großen Anzahl an Gehilfen ausgeführt wurde, wurde im Sommer 1546 fertiggestellt. Der berühmte Verfasser der „*Vitae*" schuf einen großen manieristischen Komplex, dessen verfeinertes und erlesenes ikonographisches Repertoire von Paolo Giovio konzipiert wurde. Er hatte sich als Thema die Verherrlichung der Taten Papst Pauls III. Farnese ausgesucht. Die allegorischen Figuren waren gekonnt entlang einer vorgetäuschten, perspektivischen Treppe angeordnet. Zu Beginn des 18. Jahrhunderts erlebte der Palast eine neuerliche Glanzzeit dank des Theaters (heute nicht mehr erhalten), das Filippo Juvarra für Kardinal Ottoboni entwarf, einen Liebhaber von Theateraufführungen und großen Förderer der Künste, der einen der Musik geweihten Ort ins Leben rief. Der Reisende Charles de Brosses berichtet in seinen italienischen Erinnerungen von einer Aufführung der Oper „*Armide*" von Lully, 1739 vor einem Publikum, das aus Prälaten, Herrschern, Botschaftern und vornehmen Damen bestand. Von diesem Palast aus wurde am 9. Februar 1849 die kurzlebige „Römische Republik" ausgerufen. Nach der Ratifizierung der Lateranverträge behielt der Palazzo della Cancelleria das Privileg der Extraterritorialität.

Palazzo Massimo alle Colonne

Die befestigten Häuser des uralten römischen Geschlechts, dessen Ursprünge sich über Jahrhunderte zurückverfolgen lassen (man nimmt sogar an, es habe eine ununterbrochene Verbindung zu der *Gens* der Urbs bestanden), hatten zwar die Wirrungen des Mittelalters wohlverschanzt überstanden, waren aber dann im Jahre 1527 bei dem schrecklichen *Sacco di Roma*, der Plünderung Roms, zerstört worden, dessen düstere Schatten die großen Ideale des Humanismus verdunkelten. Einige Jahre danach begann der Sieneser Architekt Baldassare Peruzzi mit dem Wiederaufbau. Auch er war ein Opfer der grausamen Invasion geworden, während der er, so berichten die Chronisten, „von den Spaniern gefangengenommen worden war und nicht nur seinen gesamten Besitz verloren hatte, sondern zudem auch noch schwer gepeinigt und gefoltert wurde, denn er war von würdevoller, vornehmer und anmutiger Gestalt, und die Spanier nahmen daher an, daß er ein bedeutender, verkleideter Prälat sei, der in der Lage gewesen wäre, sich durch Bezahlung eines ansehnlichen Lösegeldes freizukaufen."

Das Bronzemodell *(rechte Seite)* stellt die von Baldassare Peruzzi erbaute Fassade des Palazzo Massimo dar. Die glatte Rustikafassade öffnet sich im Erdgeschoß zu einem dorischen Portikus mit eleganten Stuckverzierungen. Die leicht geschwungene Fassade machte es dem Architekten möglich, das Gesetz zu respektieren, wonach die Via Papalis eine maximale Breite von fünf Metern an ihrem breitesten Punkt nicht überschreiten durfte.

Der von Peruzzi wiederaufgebaute Hauptteil des Palastes wurde zur Quintessenz seines außergewöhnlichen Ideenreichtums und zugleich sein architektonisches Testament. Der Auftraggeber war Pietro Massimo, der erstgeborene Sohn des wohlhabenden Kaufmannes Domenico, der bei seinem Tod seinen drei Kindern drei aneinandergrenzende Gebäude hinterließ. Die Fassade, die nach der konvexen Kurve des antiken Zuschauerraums (*cavea*) geformt wurde, erhob sich über dem römischen Domitiantheater, wo sich nach den *Cataloghi Regionari* 10 000 Personen versammeln konnten, um sich die musikalischen Darbietungen anzuhören. Wie in einer Symphonie orchestrierte Peruzzi die dekorativen Elemente, die er meisterhaft in eine Struktur bramantischer Schlichtheit hineinkomponierte. Dank seines Einfallsreichtums wußte er die Figur des humanistischen Architekten zu verkörpern, der die Zeugnisse der antiken Welt mit unermüdlicher Neugier erforschte, bis er sich ein profundes Wissen darüber angeeignet hatte. Mit der Unterstützung seines mächtigen Gönners Agostino Chigi war er in jungen Jahren in die Werkstatt Bramantes aufgenommen worden; das Ergebnis der dort erhaltenen Ausbildung beschreibt Vasari als eine „wunderbare Frucht". Im Palast wurde eine Reihe von Ideen verwirklicht, die er aus dem Studium der Ruinen gewonnen und persönlich neu durchdacht hatte. Ganz im Gegensatz zu der Großartigkeit der Paläste, die in jenen Jahren in Rom erbaut wurden, zeichnet sich der Wohnsitz der Familie Massimo sofort dadurch aus, daß der Mensch und seine Größe den Maßstab bildet, der die Proportionen der Räume und der Lisenen bestimmt. Ein wunderschöner dorischer Portikus, der von sechs Säulen (ihnen verdankt der Palazzo den Namensbestandteil *alle colonne*) getragen wird und mit feinstem Stuckwerk verziert ist, führt in den ersten Innenhof und greift somit erneut auf das von Vitruv erfundene Modell des *Vestibulum* zurück. Um das, was von den Bauwerken beim Brand der Stadt noch stehengeblieben war, zu retten, beschritt Peruzzi ungewöhnliche Wege wie den Erhalt der bereits vorhandenen Mauern, um auf diese Weise die Kosten möglichst gering zu halten. Der dunkle Korridor, der von einem mit Stuckdekorationen und Flachreliefs verzierten Tonnengewölbe überdacht war, wurde wahrscheinlich nach dem Tod des Meisters – er starb im Jahre 1536 – von einer erfahrenen Künstlergruppe ausgeführt. Kostengünstige Materialien wurden mit großem Geschick eingesetzt, um in der Mitte von einem Elefanten gezogene Schilde, Helme und Rüstungen, auf der einen Seite eine wohlwollende *Fortuna* (Glücksgöttin) und auf der anderen Seite die *Sorte avversa (Das widrige Geschick)* darzustellen. Im zwanghaften Drang, dem Vorbild der Antike nachzueifern, plante Peruzzi im Erdgeschoß einen Speisesaal, der in seinen Entwürfen als *Triclinium* ausgewiesen war. Ausgeschmückt wurde dieser Saal im zeitgenössi-

Der bemalte Palazzetto wurde von Pietro Massimo, Domenicos Vater, erbaut. Er ist mit Helldunkelmalerei dekoriert, und die Fassade wurde mit Rillenverputz veredelt. Das Gebäude aus dem 15. Jahrhundert überlebte die Zerstörung durch die Landsknechte während des *Sacco di Roma* und wurde berühmt als Sitz der ältesten römischen Druckerei, die 1467 von den Deutschen Pannartz und Schweynheim gegründet wurde. Die Fresken, die sich heute in einem sehr schlechten Zustand befinden, wurden von Polidoro da Caravaggio und Maturino da Firenze gemalt.

Die Familie Massimo hatte eine kostbare Sammlung von Grabsteinen, Antiken, Statuen, Grabsäulen und Reliefs zusammengetragen, die sich heute zum Teil in den von Peruzzi entworfenen Stuckrahmen der beiden Innenhöfe und im Gewölbe der Eingangshalle befinden.

P·SCANTIVS
PHILETVS
FECIT·SIBI·ET
SCANTIAE
NICE·LIB
REQVIETORIVM
AMICI·BENEFACERE
SEMPER·STVDIOSVS
FVI

schen Stil mit einem von Grotesken umrahmten Zug der Venus. Der erste Innenhof, der wie ein Peristyl aussieht, war mit Reliefs und ausgegrabenen Statuen geschmückt. Ein Jahrhundert später ließ Carlo Camillo Massimo ihn noch weiter verschönern, indem er ein kleines Nymphäum hineinbauen ließ, das hier anstelle eines antiken Brunnens seinen Platz fand. Der zweite Innenhof - vorwiegend im Stil des 17. Jahrhunderts gebaut - verwahrt das einzig erhaltene Element aus dem antiken Odeon inmitten anderer Antiken, die die Massimos - wie die meisten Familien in der Renaissance - gesammelt hatten. Eine mit marmornen Fundstücken geschmückte Prunktreppe führte zu der Loggia im ersten Stock, die mit Fresken ausgemalt ist, und weiter bis zur Türschwelle, über der das Wappen der Familie Massimo prangte. Der Palazzo di Pirro, der von seinem Bruder Angelo errichtet worden war, wurde direkt an den wiederaufgebauten Palazzo del Portico angeschlossen, wodurch der ungehinderte Durchgang durch die Säle ermöglicht wird. In dem großen Salon des Piano nobile stellte Daniele da Volterra das Leben des legendären Quintus Fabius Maximus in einem Fresko dar. Perin del Vaga malte in den Nebenräumen Grotesken und Geschichten aus der *Äneis*. Sie schufen in diesen Räumen eine Atmosphäre heidnischer Lebenslust und erlesenster Eleganz. Hier wur-

Eine elegante Treppe führt empor zum Piano nobile, in den großen Salon mit der geschnitzten Kassettendecke, in die Daniele da Volterra einen Fries eingearbeitet hat, der das Leben von Quintus Fabius Maximus erzählt, dem legendären Stammvater der römischen Familie, die ihren Ursprung auf die antike *Gens* der Urbs zuführte. An den Längsseiten der Wände sind vier römische Statuen aufgestellt.

Nächste Doppelseite
Das Ägyptische Zimmer *(Stanza Egizia)* wurde nach der Mode des *Retour d'Egypte* ausgeführt, die sich nach dem Ägyptenfeldzug Napoleons in ganz Europa verbreitete. Es enthält Ansichten des Nils und der von Sphinx und Pharaonen flankierten Pyramiden.

den im Laufe des darauffolgenden Jahrhunderts gelehrte Gespräche geführt, die von Carlo Camillo Massimo geleitet wurden. Dieser liebte es, sich mit seinem Freund Poussin zu unterhalten und gab dem gelehrten Maler – so berichtet Bellori – Anregungen zur Beschäftigung mit ausgesuchten hochintellektuellen Themen in klassizistischen Formen. Der Fürst, der in seiner berühmten Bibliothek die berühmtesten Gelehrten seiner Zeit versammelte, freundete sich auch mit Velazquez an. Die Säle des Palastes waren aber nicht nur der Ort philologischer Forschung, sondern auch der Schauplatz von Wundern, wie die Votivkapelle des heiligen Philipp (Filippo) Neri beweist. Sie ist jenem Heiligen gewidmet, dem es gelang, den jungen Sohn des Hauses Massimo für einige Stunden ins Leben zurückzuholen. Alljährlich wird am 16. März im Palast der Jahrestag dieser wunderbaren Auferweckung gefeiert.

Im 17. Jahrhundert wurde eine berühmte Gemäldesammlung zusammengetragen, die schon nach kurzer Zeit wieder verlorenging. Der Palast bleibt aber vor allem das Wahrzeichen der genialen Baukunst Peruzzis – sein letztes Testament. Vor der Eröffnung des Corso Vittorio Emanuele im Jahre 1880, der zum Abriß des Renaissanceviertels und seiner Hauptachse (der sogenannten Via Papalis) führte, war das Stück, das die Chiesa Nuova mit Sant'Andrea della Valle verband, mit kleineren Gebäuden bebaut. Zwischen diesen Bauwerken verliefen schmale Sträßchen, die den Wanderer bis zu der natürlichen Kurve des Palastes führten. Unberührt davon blieben die Bauwerke der hinteren Piazzetta, auf der der bemalte Palazzetto der Familie Massimo steht, der 1532 von Polidoro da Caravaggio mit monochromen Graffiti dekoriert wurde. Auch er ist mit den beiden Palästen verbunden, die die Brüder Pietro und Angelo nebeneinandergebaut haben. Die Außendekoration, die zu Ehren der Vermählung von Angelo Massimo und Antonietta Planca Incoronati ausgeführt wurde, erzählt Szenen, deren Themen die *Vermählung der Jungfrau*, das *Leben der Esther* und die *Ermordung des Holofernes* sind. Von 1467 an befand sich in diesem Gebäude die erste römische Druckerei, die von Arnold Pannartz und Conrad Schweynheim betrieben wurde. Die Schriften Ciceros und des heiligen Augustinus wurden hier veröffentlicht. Von diesem Platz aus starteten die Postkuriere, die eng mit der Familie Massimo verbunden waren, da diese die Oberaufsicht über die päpstliche Post hatte.

Die Votivkapelle, die jedes Jahr am 16. März der Öffentlichkeit zugänglich gemacht wird, erinnert an das Wunder, das der hl. Philipp Neri vollbrachte, indem er einen kleinen Jungen aus dem Hause Massimo für einige Stunden wieder ins Leben zurückholte. Die Kapelle enthält die *Madonna und vier Heilige*, ein Tafelbild von Nicola di Antonio d'Ancona, ein Gemälde von Pomarancio über das Wunder und andere Gegenstände sakraler Kunst.

MC

Palazzo Farnese

Zu der großartigen Eleganz dieses formenstrengen Palastes haben die berühmtesten Architekten jener Zeit beigetragen, um der Familie Farnese - sie hatte es schneller als jede andere Familie verstanden, an die Macht zu kommen - einen ihres Ranges würdigen Wohnsitz zu bauen. Die Farnese hatten während des 16. Jahrhunderts sowohl mit Hilfe des Schwertes als auch durch die Anmut einer Frau, Giulia, die Favoritin von Alexander VI. Borgia, ein enormes Vermögen angehäuft und unvergleichlichen Ruhm erlangt. Giulias Bruder, Alessandro Farnese, war erst ein gefürchteter Kardinal und wurde dann unter dem Namen Paul III. Papst. Er erbaute einen Palast, dessen Pracht ein deutliches Zeichen für die dominierende Stellung sein sollte, die er in der römischen Aristokratie einzunehmen beabsichtigte. Dieses Ziel gedachte er mit Hilfe einer gutorganisierten und machtorientierten Gefolgschaft zu erreichen, mit deren Hilfe er seinen Willen sowohl in der Politik als auch in der Kunst durchzusetzen vermochte.
Der einflußreiche Kardinal ließ seinen Wohnsitz von Antonio da Sangallo d. J. erbau-

Der Palast wurde für den Kardinal Alessandro Farnese, den späteren Papst Paul III., erbaut, der ihn nach seiner Ernennung zum Papst fertigstellen ließ. Das Projekt, das anfänglich dem Architekten Antonio da Sangallo d. J. anvertraut wird, beschäftigt in der folgenden Zeit die bedeutendsten Architekten jener Epoche. Michelangelo leistet seinen Beitrag in Form des Kranzgesimses und des Mittelfensters. Die Fenster der majestätischen Fassade werden im ersten Geschoß von Dreiecks- und Bogengiebeln überdacht, im zweiten Geschoß nur von Dreiecksgiebeln.

en, dessen architektonische Studien das zentrale Thema des Palastes behandelten. Von 1514 bis 1546 - seinem Todesjahr - hatte er das Monopol für alle römischen Bauvorhaben von einiger Bedeutung, weswegen er eine tatkräftige *Équipe* zusammengestellt hatte, die von ihm geleitet wurde. Dank seiner klaren und eindrucksvollen Struktur war der Palast der Familie Farnese eine optimale Umsetzung des strengen, vornehmen Stils von Alessandro, einem leidenschaftlichen Humanisten und unermüdlichen Sammler von Medaillen, Marmorskultpuren, Gemmen und Münzen.

Der von Sangallo entworfene Kardinalspalast wurde, als Alessandro 1534 zum Papst gewählt wurde, um ein ganzes Stück erweitert und um einiges verschönert. Alessandro gedachte nun „nicht mehr nur in einem Kardinalspalast zu residieren, sondern er verlangte einen des Papstes würdigen Palast". Nach dem Tod Sangallos bemühten sich zahlreiche Architekten - angefangen bei Vasari bis hin zu Perin del Vaga und Sebastiano del Piombo - um den Auftrag für die neuen Umbauarbeiten. Die Ironie des Schicksals jedoch wollte es, daß der Papst Michelangelo mit dem Projekt betraute, einen erbitterter Feind all derer, die der Künstler selbst die Sekte Sangallos nannte. Seinem Vorgänger grollte Buonarroti vor allem deswegen, weil er auf gewisse Art und Weise alle interessanten Aufträge an sich gerissen hatte, und außerdem war er der Überzeugung, daß Sangallo permanent gegen ihn intrigiert hatte, um ihn von der Stadt fernzuhalten. Michelangelo beteiligte sich an der Fertigstellung des letzten Stockwerks, indem er es um einiges erhöhte und es mit einem bewundernswerten Kranzgesims abschloß. Er entwarf das loggiaartige Mittelfenster über dem Hauptportal und das dritte, sehr viel kapriziösere Stockwerk des Innenhofes, bei dessen Planung Sangallo sich von der Ausgestaltung

Architektonische Einzelheiten des Palastes: Der bossierte Bogenrücken eines Seitenportals; ein gewaltiges Gurtgesims, das die Fassade horizontal untergliedert, und das Kranzgesims Michelangelos, das mit den Lilien der Farnese verziert ist.

des Kolosseums hatte inspirieren lassen. Das von Säulen getragene Atrium von Sangallo sowie die ersten beiden Geschosse des Innenhofes spiegeln wiederum die Vorliebe Alessandros, der in denselben Jahren die Ausgrabungen des Palatin und des Forum Romanum veranlaßt hatte, für die Archäologie wider. Die schöne, auf den Tiber blickende Loggia an der Rückseite des Palastes wurde hingegen von Giacomo della Porta entworfen. Die Malereien im *Salone dei Fasti Farnesiani (Saal des Farnesischen Ruhms)* gehen aller Wahrscheinlichkeit nach auf das Jahr 1554 zurück und sind das Werk Francesco Salviatis. Die Arbeiten wurden aufgrund einer Frankreichreise des Künstlers (1555-1557) unterbrochen, jedoch sofort nach seiner Rückkehr wieder aufgenommen. Der Zyklus verherrlicht die Familie Farnese, vor allem Papst Paul III. in seiner Rolle als Friedensstifter und Staatsmann im Dienst der Kirche. Die Bilder an der Längsseite des Saals berichten von den Heldentaten des Papstes und von Ranuccio Farnese. Falsche Gobelins dazwischen bringen allegorische Hinweise auf Geschichten aus der Antike und auf mythologische Figuren. Die komplexe Raumaufteilung bewirkt, daß die unterschiedlichen Szenen im Diolog zueinander stehen und ineinander übergehen, wodurch sich unerwartete Bezüge und Querverweise ergeben. Die lebhafte Phantasie, das feine Gespür für den

Das Atrium, ein Werk Antonio da Sangallos d. J., wird durch rote Granitsäulen in drei Schiffe unterteilt. In den Nischen stehen römische Büsten und gliedern den Raum.

richtigen Stil und die kostbaren Einfassungen der Motive an den Seitenwänden spiegeln den außergewöhnlichen Einfallsreichtum Salviatis wider. Sein Werk wird nach 1563 von Taddeo Zuccari fertiggestellt. Im Jahre 1592 starb der große Kondottiere Alessandro Farnese und hinterließ seinem erstgeborenen Sohn Ranuccio den Herzogstitel von Parma und Piacenza. Sein zweitgeborener Sohn Odoardo wurde im Alter von siebzehn Jahren Kardinal und beschloß, die Innendekoration des römischen Palastes zu Ende zu bringen. Der große Saal, der sich über zwei Stockwerke erstreckte und der noch nicht mit Bildern ausgestattet worden war, gab dem jungen Erben die Möglichkeit, die von Salviati begonnene Verherrlichung seines Vaters fortzuführen. Die Gewohnheit, die Heldentaten *(Fasti)* der Familie in Bildern zu erzählen, hatte sich gegen Ende des Jahrhunderts in der ganzen Adelsgesellschaft verbreitet. Am 17. Juli 1593 schrieb Odoardo seinem Bruder nach Parma und bat ihn, ihm Kopien der acht flämischen Bilder mit den *Taten Alexanders* zu schicken, die als Vorlage dienen sollten (aber niemals eintrafen). Die künstlerische Landschaft Roms wurde durch die neue und bedeutsame Anwesenheit Annibale Carraccis bereichert, der auf Einladung Odoardos aus Bologna angereist kam, um sich mit den Dekorationen zu befassen. Er begann 1595 mit dem privaten Arbeitszimmer des Kardinals und ließ den großen Saal aus. Annibale war mit seiner gesamten Werkstatt nach Rom gereist und wirbelte die ermüdete spätmanieristische Hauptstadt mit seinen neuen Ideen auf. Eine beträchtliche Anzahl von Künstlern aus der Emilia folgte ihm in den darauffolgenden Jahren nach Rom. Sie bildeten den Personenkreis, der die Revolution des barokken Stils ins Leben rufen sollte. Die Thematik für die Gemälde im Ankleideraum wurden von dem gelehrten Bi-

Die von den Brüdern Annibale und Agostino Carracci mit Fresken ausgemalte Galerie erzählt vom Liebesleben der Götter. Das zentrale Bild, der *Triumph von Bacchus und Ariadne*, stellt eine Verherrlichung der sinnlichen Liebe dar und nimmt mit seinem Naturalismus bereits das Barock vorweg. Die Decke steht stellvertretend für das Ende der allegorischen Manierismen und die Geburt einer neuen klassischen Fomensprache in der Malerei.

bliothekar des Fürsten, Fulvio Orsini, entwickelt und stellte die Musen den Waffen gegenüber. Die *Geschichten von Herkules und Odysseus* spielten allegorisch auf den Sieg der Tugend über die Versuchung an. Zufrieden und im Bewußtsein der großen klassizistischen Wende, die mit dem Palast ihren Anfang nahm, betraute der Kardinal sofort danach Annibale Carracci (unter Mitwirkung von dessen Bruder Agostino und seiner Werkstatt, in der auch Domenichino und Lanfranco mitarbeiteten) mit der Ausgestaltung der Decke in der Galerie. Große Gemälde, eingefaßt in gemalten Rahmen, erzählenvom Liebesleben der Götter -einem dominierenden Thema nach Vergils Motto *Omnia vincit amor et nos cedemus amori* (Alles besiegt die Liebe, weichen wir ihrer Macht). Wer der Maler war, läßt sich nicht mit Sicherheit sagen. Die Themen des Zyklus haben wahrscheinlich der Kardinal und Fulvio Orsini nach und nach im Jahre 1597, während das Fresko entstand, ausgearbeitet. Hermen und Atlanten in *Grisaillemalerei* rahmen die großartigen Gemälde ein. Sie werden von rosafarbenen Putten belebt und von Medaillons umgeben, die in einem starken Gegensatz zum Triumph der Liebe der Götter stehen und deren grüner Grundton gelungen die Patina von Bronzereliefs nachahmt. Den Höhepunkt bildet in der Mitte des Gewölbes der *Triumph von Bacchus und Ariadne*, der Triumph der profanen und

Der große Saal, dessen Raumhöhe sich über zwei Stockwerke erstreckt, wurde nicht mit Malereien ausgestaltet. In seiner Mitte befindet sich der große monumentale Kamin aus dem Jahre 1554 von Guglielmo Della Porta . An jeder Seite steht eine Statue, die den *Überfluß* und den *Frieden* darstellen. Sie waren ursprünglich von Guglielmo Della Porta geschaffen worden, um das Grab von Papst Paul III. in der Peterskirche zu schmücken. In den Wandnischen befinden sich römische Büsten, während der Saal oben mit einer ungewöhnlich prächtig geschnitzten Kassettendecke geschmückt ist.

AEDES·RESTITVT

sinnlichen Liebe, ein Fresko, das die mythische Erzählung überaus natürlich und wahrheitsgetreu illustriert. Annibale überwand nun endgültig die spätmanieristische Vorliebe für komplizierte allegorische und moralische Bezüge und Querverweise, um spontan die klassischen Sagen zu erzählen. Von dem Zeitpunkt an, als man die Dekoration des Saales von Carracci vor den entzückten Blicken von Pietro Aldobrandini und Papst Clemens VIII. enthüllte, wurde sie bis Ende des 18. Jahrhunderts als eine der besten malerischen Kunstwerke angesehen. Sie ließ sich nur mit den Vatikanischen Stanzen und der Sixtinischen Kapelle vergleichen. Diese

Den Verbindungskorridor schmückt ein herrlicher Gobelin aus dem 18. Jahrhundert; rechts auf dem Bild ist eine der barocken Kassettendecken zu sehen.

Der *Saal der Ruhmestaten* der Farnese *(Salone dei Fasti Farnesiani)* ist mit Fresken von Francesco Salviati und Taddeo Zuccari dekoriert. Sie wurden um 1554 gemalt und verherrlichen den Ruhm der Familie Farnese und die politische Rolle Papst Pauls III. Die Heldentaten des Papstes und Ranuccios wechseln sich mit mythologischen Episoden und Geschichten aus der Antike ab.

Art der Malerei entsprach dem erlesenen Geschmack des vornehmen Auftraggebers, denn sie verherrlichte die sich gerade entwickelnde Lebenslust, die der bisher die Stadt beherrschenden tridentinischen Strenge ein Ende setzte. Die Galerie mit den antiken Skulpturen aus der berühmten Sammlung der Farnese prägt einen neuen, glücklichen und unbekümmerten Ausdrucksstil, der im perfekten Einklang mit der Unheiligkeit des ausgewählten Themas steht. Noch einmal wurde der Palast zur Wiege einer neuen Denkweise und zum Ort, an dem das Barock das Licht der Welt erblickte. Als 1731 die Familie im napoleonischen Zweig der Bourbonen ausstarb, wurden die Bibliothek und die archäologische Sammlung nach Neapel gebracht. Der Palast verfiel, bis er 1874 an die Französische Botschaft vermietet wurde.

Palazzo Savelli Orsini

Das Marcellus-Theater erhob sich im Herzen der Stadt, in dem Bereich der großartigen antiken Baudenkmäler, die dicht neben den *Insulae* lagen und das Herz jedes Neuankömmlings in der *Urbs* bei ihrem Anblick höher schlagen ließen. Das imposante Bauwerk wurde von Cäsar begonnen und zwischen 13 und 15 v. Chr. von Augustus fertiggestellt. Seinen Namen verdankt es dem geliebten Neffen des Kaisers Augustus, der mit vollem Namen Marcus Claudius Marcellus hieß, im Alter von einundzwanzig Jahren starb und von Vergil in der Äneis in einigen berühmten Versen verewigt wurde.
Der Zuschauerraum des Theaters konnte 15 000 Besucher fassen. Die mit Travertin verkleidete Außenfassade bestand aus 41 Bogen, und über jedem Keilstein war eine große aus Marmor gemeißelte Theatermaske angebracht. Wenn auch das Proszenium fehlt, so ist das antike Gebäude in seinem unteren Teil noch gut erhalten. Im Mittelalter lag das Theater in dem am dichtesten besiedelten Teil der Stadt. Strategisch kam ihm eine außerordentlich große Bedeutung zu, da man von dort aus alle drei Brük-

Das Marcellus-Theater war von Julius Cäsar in den Bereich des Circus Flaminius gebaut worden, um – laut Sueton – den Ruhm des damals überaus bekannten Pompejus-Theaters zu schmälern. Der Zuschauerraum konnte 15 000 Gäste fassen, und an Größe wurde es nur vom Kolosseum übertroffen. Die durch die Ermordung Cäsars unterbrochenen Arbeiten wurden von Augustus vollendet, der dem Bauwerk 13 v. Chr. den Namen seines Neffen Marcus Claudius Marcellus gab.
Im Mittelalter wurde das Monument wegen seiner strategisch günstigen Lage befestigt und zum Wohnsitz verschiedener einflußreicher römischer Familien (unter anderem der Pierleoni und später der Savelli) umgebaut.

Nächste Doppelseite
Baldassare Peruzzi baute in der ersten Hälfte des 16. Jahrhunderts für den Kardinal Savelli ein Gebäude, das die reizvolle Möglichkeit gab, sich mit einem klassischen Baudenkmal auseinanderzusetzen. Da es während des 19. Jahrhunderts stark umgebaut wurde, ist von dem ursprünglichen Werk Peruzzis heute nur noch die Raumanordnung des Gebäudes erhalten. Die Freitreppe wurde nach dem Zweiten Weltkrieg von Tommaso Buzzi restauriert.
In den Sälen der Wohnung ist dank der sorgfältigen Restaurierung durch den Architekten Tommaso Buzzi die barocke Pracht erhalten geblieben. Der Flügelaltar von Matteo Pacini über dem Kamin datiert aus dem Jahre 1370 und stellt *die Krönung der Jungfrau Maria* dar.

ken überblicken konnte, die die Stadt mit der Tiberinsel und mit Trastevere verbanden. Während des 13. Jahrhunderts zählte das Gebäude zu den Besitztümern der Familie der Fabier, was aus seiner antiken Bezeichnung *Monte Fabiorum* zu entnehmen ist, obwohl es Aufzeichnungen gibt, aus denen hervorgeht, daß es überwiegend im Besitz der Familie Pierleoni war. Ein Jahrhundert später, im Jahre 1361, gehörte das Theater bereits der Familie Savelli, und sie war es auch, die es erstmals zu einem befestigten Palast umbaute, von dem aus sie ihre sich bis zum Aventin erstreckenden Lehensgüter überblicken konnte. Am Aventin hatten sie einen neuen Palast errichtet, der wahrscheinlich dem alten Kaiserpalast von Otto III. gleichzusetzen ist. Im befestigten Bau geboren und aufgewachsen waren sowohl Cencio Savelli, der spätere Papst Honorius III., als auch Giacomo Savelli, der nach ihm unter dem Namen Honorius IV. den Stuhl Petri bestieg. Eine Urkunde, die das Datum des 24. Februar 1279 trägt, regelt den Nachlaß des damaligen Kardinals Giacomo, der darin Leone und Giovanni als seine Erben einsetzt und somit bestätigt, daß das Gebäude Eigentum der Familie Savelli ist. Papst Honorius IV. hatte durch seine führende Rolle bei der Verschönerung der Ewigen Stadt den Namen seiner Familie zu großem Ansehen gebracht. Er verhalf dem päpstlichen Hof zu neuem Prunk und Reichtum und ließ Rom in neuem Glanz erstrahlen. Leone und Giovanni wurden in den Rang von Marschällen der Heiligen Römischen Kirche erhoben und zu Wächtern des Konklaves bestellt. Während der Einfluß der mittelalterlichen Herrscherhäuser langsam zurückging, bewahrten die Sa-

velli ihren Ruhm und ihre Macht bis ins 16. Jahrhundert. Im Jahre 1535 stockten sie die antiken Befestigungsanlagen zu einem Palast auf, mit dessen Bau sie den Architekten Baldassare Peruzzi beauftragten, der in diesem Jahr zum letzten Mal in Rom weilte. Mit unermüdlicher Neugier hatte er antike Ruinen studiert, um hinter das Geheimnis ihrer vollendeten Harmonie zu kommen.
Auf den Mauerresten des Theaters errichtete er ein zweigeschossiges Gebäude in Form von drei rechteckigen Baukörpern um einen Innenhof, der bei Umbauarbeiten im 19. Jahrhundert verändert wurde. Die Größenordnung der Stockwerke ist charakteristisch für Peruzzi. Über einer hohen, zinnengekrönten Mauer öffnete sich die Türe des Hauptportals. Die Säle des Palastes beherbergten eine von Kardinal Giulio Savelli begonnene berühmte Skulpturensammlung und war der Treffpunkt berühmter Künstler und Literaten.
Im Jahre 1712 verstarb der letzte Nachkomme der Familie Savelli, und der Palast wurde an die Familie Sforza Cesarini vererbt; später ging er in den Besitz von Domenico Orsini, Fürst von Gravina, über. Das Piano nobile wurde im 18. Jahrhundert von eher unbekannten Künstlern ausgeschmückt; ein Umbau im 19. Jahrhundert tilgte die letzten Spuren Peruzzis. Am Fuße des Theaters wurde von alters her der Rindermarkt abgehalten, der bis zu Beginn unseres Jahrhunderts erhalten blieb. Aus alten Verzeichnissen geht hervor, daß die Savelli seit dem 13. Jahrhundert das Erdgeschoß des herrschaftlichen Gebäudes vermietet hatten, und auch in den Chroniken von 1920 werden kleine Einzelhandelsgeschäfte erwähnt.

Die Säle des Palazzo Savelli sind prachtvoll dekoriert und mit wunderschönen Antiquitäten eingerichtet. Sehr berühmt sind auch die Gobelins aus dem 17. und 18. Jahrhundert.

Engelsburg

Der hochgebildete Publius Aelius Hadrian (77-138 n. Chr.) war ein Kaiser mit großer politischer Weitsicht sowie ein feinsinniger Ästhet, Literat und Poet, der sich auch mit Architektur, Archäologie, Philosophie, Musik und Arithmetik befaßte. Er reiste gern und verbrachte insgesamt ganze zwölf Jahre außerhalb Roms. Da er bereits lange vor seinem Tod erkrankte und viele Jahre leiden mußte, überließ er nichts dem Zufall, gab noch zu seinen Lebzeiten seine Grabstätte in Auftrag und begann mit dem Bau eines neuen Mausoleums für seine Dynastie. Das Augustusmausoleum war nach dem Tode Nervas endgültig zugemauert worden, und die sterblichen Überreste Trajans, der ohne Erben gestorben war, hatte man im Fuß der Säule bestattet, die man zu seiner Ehre errichtet hatte. Für das *Sepulcrum* wählte der Kaiser auf der rechten Uferseite des Tibers einen Platz in den stillen *Horti* der Domitia und verband ihn mit dem Marsfeld durch eine Brücke, die den Namen Pons Aelius bekam und 134 n. Chr. fertiggestellt wurde. Dieser Bereich der kaiserlichen Gärten, der an die heidnische Nekro-

Kaiser Hadrian gab genaue Anweisungen für seine Begräbnisstätte. Er baute das Mausoleum der Antoninischen Dynastie, das im Jahre 139 n. Chr. eingeweiht wurde. Das mit Marmor verkleidete und reichverzierte Grabmal Hadrians blieb zum Teil in der zinnengekrönten Burg erhalten, die das Ergebnis seiner Umwandlung in eine Festung während des Mittelalters war. Das Gebäude wurde von Gregor dem Großen nach dem kämpfenden Erzengel Michael umbenannt. Der Bronzeengel mit den ausgebreiteten Flügeln von Pietro van Verschaffelt ersetzte im Jahre 1753 den Engel aus Stein von Raffaello da Montelupo, der heute im *Cortile dell'Angelo (Innenhof des Engels)* verwahrt wird.

Die Loggia ist vermutlich ein Werk Bramantes aus dem frühen 16. Jahrhundert. Später wurden eine ganze Reihe von Umbauarbeiten an der Festung durchgeführt, um sie in einen päpstlichen Wohnsitz umzuwandeln, der ungewöhnlich kostbar dekoriert war und auch den allerhöchsten Ansprüchen genügte.

pole angrenzte, war von Nero mit Straßen, Wiesen und Brunnen ausgestattet worden. Das Mausoleum wurde im Jahre 139, ein Jahr nach dem Tod des in Baiae (heute Baia bei Neapel) verstorbenen Kaisers, eingeweiht, blieb über Jahrhunderte hinweg von den schlimmen Plünderungen verschont, die die Stadt der Cäsaren heimsuchten, und hat sich zum Teil bis heute in der Engelsburg erhalten. Es war nach demselben dreigeteilten Schema italisch-römischer Bauart erbaut worden, an das sich vorher schon Augustus gehalten hatte. Komplett mit Marmor verkleidet, erhob sich der Rundbau der Grabstätte auf einem großen quadratischen Sockel und wurde seinerseits von einem zylinderförmigen Aufbau überragt, der mit Lisenen und einem Fries mit Stierköpfen und Girlanden, von denen noch einige Fragmente im Museum der Engelsburg aufbewahrt werden, verziert war. Procopius von Caesarea berichtet von bronzenen Reiterstandbildern an den vier Ecken des Sockels; oben auf den Peperinpilastern saßen vergoldete Pfauen (sie werden heute im Cortile della Pigna im Vatikan aufbewahrt). Eine vom Kaiser gelenkte Quadriga stand auf dem obersten Zylinder, der nach altem etruskischem Brauch auf einem mit Zypressen und immergrünen Sträuchern bepflanzten Erdhügel errichtet worden war. Wenn man die ursprünglich mit Marmorplatten und Lisenen verkleidete, schneckenförmig gewundene Rampe hinaufgeht, gelangt man zur riesigen Grabkammer in der Mitte des großen Rundbaus. Hier fanden die sterblichen Überreste Hadrians, seiner Frau Sabina, seines Adoptivsohnes L. Aelius Cäsar und spätere Kaiser ihre letzte Ruhestätte; als letzter wurde der 212 n. Chr. ermordete Caracalla hier bestattet. Angesichts der Bedrohung durch die Barbareneinfälle bezog Kaiser Aurelian das Mausoleum als Bastion in die von ihm errichtete Befestigungsanlage ein. Die Ironie des Schicksals wollte es, daß die Grabstätte dieses friedliebenden und weisen Kaisers im Verlauf der Jahrhunderte zum Mittelpunkt heftiger militärischer Kämpfe wurde, so daß sie sich immer mehr in ein furchterregendes Kastell verwandelte, das von dem kämpfenden Erzengel Michael beschützt wird. Sie wurde als die „bedrohlichste und unbezwingbarste Verteidigungsanlage der antiken Welt" bezeichnet. Ende des 4. Jahrhunderts hatte sich das Mausoleum in eine Festung verwandelt. Im Jahre 537 wurde es zu einem Bollwerk gegen die Barbaren und mußte den Belagerungen durch die Goten unter Witigis standhalten. Procopius berichtet,

daß die Verteidiger Roms in dieser Lage die zahlreichen Statuen zu Kampfgeschossen umfunktionierten, um die Angreifer, die ihr Lager auf den von Nero angelegten Wiesen aufgeschlagen hatten, damit zu verjagen. Über tausend Jahre lang mußte das Hadriansmausoleum die Stadt verteidigen. Während des Mittelalters kam ihm aufgrund seiner Nähe zum heiligsten Ort der Christenheit - dem Grab des Apostels Petrus - eine strategisch wichtige Rolle zu. Daher wurde die Engelsburg in den päpstlichen Herrschaftsbereich einbezogen. Um Rom zu besiegen, ließ Karl der Große den Mauergürtel, der das Grabmal mit der Konstantinsbasilika verband, in deren Nähe sich der karolingische Palast *(Palatium Caroli)* befand, höher bauen. Nach dem Tod des Kaisers und des Papstes Leo III., der ihn unterstützt hatte, erhoben sich die Römer und rissen die gefährliche Zitadelle nieder. Sie wurde dann allerdings vom nächsten Papst, Leo IV., als Bollwerk gegen die Sarazenen wiederaufgebaut. Nachdem das Kastell im Spätmittelalter in die Hände der Familien mächtiger Barone gelangt war, wurde es zum Schauplatz von Verschwörungen und Fehden der Feudalherren. Im Jahre 932 vermählte sich Marozia, die Tochter von Theophylakt, in der dem Erzengel geweihten Kapelle mit Hugo von Burgund. Zu Zeiten des Bischofs von Lucca, der 1090 eine detaillierte Zustandsbeschreibung des Gebäudes lieferte, befand es sich im Besitz der Familie Crescenzi. Nikolaus III. Orsini, der nachfolgende Besitzer, unternahm erste Versuche, den Sitz des Papstes vom Lateranpalast in die Vatikanische Befestigungsanlage zu verlegen. Er erbaute den als

Der *Cortile dell'Angelo* erhielt seinen Namen wegen der von Raffaello da Montelupo geschaffenen Engelsstatue, die jetzt dort steht; über diesen Hof gelangt man in die Wohnräume Papst Clemens' VII. Das Wappen Papst Pauls III. Farnese ziert den Innenhof mit der von Michelangelo entworfenen Fassade. Die Bienen - das Symbol der Barberini - erinnern an eine der von dieser Familie in Auftrag gegebenen Umbau- und Modernisierungsmaßnahmen.

VLIVS II PONT MAX

Corridoio oder *Passetto* bezeichneten überdachten, heute noch vorhandenen Gang, der die Peterskirche mit der Engelsburg verbindet. Dieser Gang ermöglichte in den folgenden Jahrhunderten vielen Päpsten die Flucht in Stunden der Gefahr. Als Bedingung für die Rückkehr aus dem Exil in Avignon verlangte der Papst von den Römern als Hauptbedingung die Rückgabe der Engelsburg, die im Jahre 1377 endgültig in den Besitz des Hl. Stuhls überging. Bei einem der unzähligen Machtkämpfe dieser Zeit wurde das Gebäude seiner Marmorverkleidung beraubt. Der Militärarchitekt von Papst Bonifazius IX. (1389-1404), Nicolo Lamberti, modernisierte die Festung und paßte sie den neuen strategischen Erfordernissen an, die sich aus dem Gebrauch der Feuerwaffen ergaben. Der ursprünglich mit gelbem Marmor verkleidete Rundbau wurde aus strategischen Gründen von dem überdachten Gang isoliert, der das Bauwerk umrundete, so daß als einziger Zugang zum Burginneren die schräge Rampe verblieb. Neben dem Grabmal des großen Hadrian entstanden Gefängnisse; wer dort eine lebenslängliche Haft verbüßte, konnte über die Ewigkeit des Grabes nachdenken. Das Gebäude blieb ein Mittelpunkt des Geschehens in der bewegten Geschichte der Stadt. Nachdem Stefano Porcari im 15. Jahrhundert außen an einem der vier Sei-

Die *Sala Paolina* – auch *Sala Regia* oder *del Consiglio* genannt – verherrlicht die Politik Papst Pauls III. Farnese in prachtvollen Malereien von Perin del Vaga. Die *Storie di Roma* (*Geschichten Roms*) und *Le Storie di Alessandro Magno (Geschichten Alexanders des Großen)* rühmen die Tugenden des Auftraggebers – einmal in der Gestalt des heiligen Paulus und dann in der Alexanders des Großen. Hadrian und der Erzengel Michael sind in Form von Fresken an die Wände gemalt. An der Ausmalung wirkten Siciolante da Sermoneta, Baccio da Montelupo, Pellegrino Tibaldi und Marco Pino mit.

QVAE OLIM INTRA HANC ARCEM COLLAPSA

tentürme aufgehängt wurde, weil er die letzte Revolte gegen das Papsttum angeführt hatte, begannen die Umbauarbeiten, die die Festung in eine päpstliche Residenz verwandelten. Unter Nikolaus V. (1447-1455) wurde sie zu einem komfortablen, wenn auch in strenger Schlichtheit gehaltenen Wohnsitz, der vom *Cortile dell'Angelo*, vom Innenhof des Engels, aus zugänglich war. Leon Battista Alberti entwarf für den Papst eine „kuriale Zitadelle". Unter Papst Alexander VI. Borgia (1492-1503) wurde Antonio da Sangallo d. Ä. mit den Arbeiten betraut. Er hob einen tiefen Graben aus und errichtete das Viridaria-Tor. Eine neue Wohnung – sie wurde jedoch 1628 zerstört – wurde von Pinturicchio ausgeschmückt. Clemens VII. flüchtete sich während des *Sacco di Roma* im Jahre 1527 in die Engelsburg und konnte sechs Monate lang der Belagerung Widerstand leisten, bis er dann vor dem mächtigen Karl V. kapitulieren mußte. Während seines Pontifikats dekorierte Giulio Romano die Wände eines Saales mit einem prachtvollen Fries aus Putten und Akanthusblättern. Giovanni da Udine schmückte den kleinen Ofen, den Bramante gebaut hatte, damit Julius II. seine heißen medizinischen Bäder nehmen konnte. In seinem *Tagebuch* schreibt Fichard im 16. Jahrhundert, daß der Raum, in dem sich der „Heilige Vater mit warmem Wasser wusch, das aus einer nackten jungen Frau aus Bronze floß", zwar schmal, jedoch überaus elegant ausgestattet war. Alessandro Farnese, der unter dem Namen Paul III. (1534-1549) Papst geworden war, nahm mehr als jeder andere Papst Einfluß auf die Dekoration der Innenräume. Er entwarf eine prachtvolle päpstliche Wohnung, die sich im ersten Geschoß befand und die nach ihm benannt wurde. Das Wappen der Farnese schmückt den Innenhof der Engelsburg, der später auch *Cortile d'onore* (Ehrenhof) genannt wird. Beherrscht wird er auf der einen Seite durch die Fassade Michelangelos und auf der anderen Seite durch die Figur des Erzengels Michael von Raffaele di Montelupo. Die Sage erzählt, daß der Erzengel im Jahre 590 dem heiligen Gregor dem Großen erschienen sei, während er eine Bittprozession anführte, um das Ende der Pest herbeizuflehen, die die römische Bevölkerung auszurotten drohte. Der päpstliche Kastellan, Tiberio Crispi, „der sich in den Kopf gesetzt hatte, das Kastell zu verschönern, indem er Loggien, Zimmer und Säle erneuerte, um Seiner Heiligkeit besser aufwarten zu können", ließ sich zu diesem Zweck von Antonio da Sangallo d. J. helfen. In dem majestätischen *Salone del Consiglio (Ratssaal)* ist die griechische Inschrift des gelehrten Alessandro Farnese zu lesen, der dort schrieb: „Papst Paul III.

Der *Runde Saal (Sala circolare)*, in dem sehr wahrscheinlich in einem riesigen Sarkophag aus Porphyr die Asche des göttlichen Hadrian aufbewahrt wurde, diente Jahrhunderte später als Verwahrungsort für den Vatikanischen Schatz, woher sein Name *Sala dell'Erario (Schatzsaal)* rührt.
Der Perseussaal (*Sala del Perseo*) war Teil der Privatgemächer Papst Pauls III. So benannt wurde er nach dem wunderschönen Fries von Perin del Vaga, der *die Geschichten des Perseus* erzählt. Auch die hölzerne Decke geht auf das 16. Jahrhundert zurück.

verwandelte diese Grabstätte des göttlichen Hadrian in einen erhabenen und göttlichen Königspalast". Der feinsinnige Perin del Vaga - einer der größten Verfechter des Stils von Raffael - arbeitete die letzten beiden Jahren seines Lebens gemeinsam mit Marco Pino und Pellegrino Tibaldi an den Wohnräumen Papst Pauls. Er pries die Politik des Papstes auf dem Gebiet der Künste, indem er eine prachtvolle Dekoration im Stil des Goldenen Zeitalters schuf. Die *Sala Regia* (der *königliche Saal)* verherrlichte die Tugenden des Auftraggebers einmal in der Gestalt des heiligen Paulus und dann in der Alexanders des Großen, die beide als Sinnbilder für Gerechtigkeit und Weisheit dargestellt sind. Hadrian und der Erzengel Michael wurden in Form von Fresken an sich gegenüberliegende Wände gemalt. Die privaten Gemächer des Papstes, der *Saal der Psyche* und der *Saal des Perseus*, die nur wenigen Vertrauten zugänglich waren, wurden von Perino mit mythologischen Szenen ausgemalt, die von Ovid und Apuleius handeln. Ein kleiner, im pompejanischen Stil mit Grotesken geschmückter Gang führt in die Bibliothek mit Fresken und Stuckdekorationen von Luzio Luzi. Von der Bibliothek gelangt man in einen runden Raum, in dem - vermutlich in einem gigantischen Sarkophag aus Porphyr - die Asche des göttlichen Hadrian aufbewahrt wurde. An diesem abgelegenen und heiligen Ort des Mausoleums wurde Jahrhunderte später der Vatikanische Schatz gehütet - daher auch sein Name *Sala dell'Erario (Schatzsaal).* Indem er erneut einen der großen Schauplätze der Antike in seinen Besitz brachte, wollte Papst Paul III. ein dauerhaftes Band zwischen der antiken, heidnischen Stadt und der triumphierenden Kirche knüpfen, indem er ihr ein für allemal ein Monument unterwarf, das seit der Anfangszeit des Christentums den Kampf um die Macht gesehen hatte. In goldenen Buchstaben ließ er in die Decke der *Sala Paolina* (des *Paulinischen Saals)* schreiben: „Alles, was in dieser Festung ist, was einst baufällig, unzugänglich und verunstaltet war, ist nun dank Papst Paul III. restauriert und wiederhergestellt worden und in dem Bestreben, eine solide Stabilität, eine bequeme Zweckmäßigkeit und eine leichte Eleganz zu schaffen, ausgeschmückt worden."

Der kleine Ofen von Papst Clemens VII., der durch Stuckdekorationen und Fresken von Giovanni da Udine verschönert wurde, ist sehr wahrscheinlich von Bramante für die heißen medizinischen Bäder des Papstes gebaut worden. In seinem *Tagebuch* schreibt Fichard im 16. Jahrhundert, daß der Raum, in dem sich „Seine Heiligkeit mit warmem Wasser wusch, das aus einer nackten jungen Frau aus Bronze floß", zwar schmal war, jedoch überaus elegant ausgestattet. Der große Bibliothekssaal wurde von den Künstlern Papst Pauls III. wie Luzio Luzi mit Stuckdekorationen verziert und mit Fresken bemalt. Die Fresken umfassen Marinen und mythologische Geschichten von Silenen, Zentauren und Sirenen. Der Raum erhielt seinen Namen von dem Vatikanischen Archiv, das hier seine geheimen Dokumente aufbewahrte.

Palazzo Spada

Auf dem Höhepunkt ihres Ruhmes und Glücks hatte die unternehmungslustige Familie Capodiferro den Architekten Bartolomeo Baronino beauftragt, in dem Stadtviertel *in onda* einen erlesenen Wohnsitz für den Kardinal Girolamo, den

ruhmreichen Sproß dieses alten römischen Geschlechts, der zudem ein anspruchsvoller, gebildeter und von den Idealen des Humanismus geprägter Mann war, zu erbauen. Der Palast wurde im Frühjahr des Jahres 1550 fertiggestellt, damit er während der Feierlichkeiten des Heiligen Jahres eingeweiht werden konnte. Erst ein Jahr zuvor hatte man in aller Eile den Bau begonnen. Aus jener Zeit ist die mit Stuckdekorationen, Fresken und Rillenputz (eine Mode, die sich während der ersten Hälfte des 16. Jahr-

Im Jahre 1550 wurde das Gebäude der Familie Capodiferro rechtzeitig zu den Feierlichkeiten des Heiligen Jahres fertiggestellt. Der Architekt war Bartolomeo Baronino. Die Dekorationsarbeiten waren hingegen zwei Gruppen von Künstlern anvertraut worden, die von Giulio Mazzoni und Diogo di Fiandra, Tommaso del Bosco und Leonardo Stormani angeleitet wurden. Das Motiv der Dekoration knüpft an den von Raffael entworfenen Palazzo Branconio an und stellt berühmte Persönlichkeiten der römischen Geschichte dar. Die perspektivische Kolonnade, ein herausragendes Beispiel für die barocke Kunstfertigkeit, wurde von Francesco Borromini ausgeführt und befindet sich an der Seite des Innenhofes.

hunderts verbreitete und der Stadt eine fröhliche Stimmung und bauliche Vielfalt verliehen hatte, die man sich heute nur noch schwer vorstellen kann) verzierte Außenfassade noch heute vollkommen erhalten. Über dem Hauptportal prangt das Wappen ihres Gönners und Beschützers, Papst Paul III. Farnese, dessen prachtvoller Palast kurz zuvor in unmittelbarer Nähe errichtet worden war. Auch er hatte Baronino als Architekten auf der umfangreichen Baustelle beschäftigt. Die Komplexität des Entwurfs wurde durch das frühere, zum Teil noch erhaltene Eckgebäude festgelegt. Im Innenhof und in der mit Stuckdekorationen von Giulio Mazzoni (dem einzigen, zu Unrecht wenig bekannten Schüler von Daniele da Volterra) verzierten Fassade wechseln sich Nischen mit olympischen Gottheiten von erlesener antiker Schönheit mit den Wappen von Papst Julius II. und König Heinrich II. von Frankreich ab. „Der liebenswerte, schöne, joviale und überall beliebte" Kardinal hatte einen beträchtlichen Teil seines Lebens als apostolischer Nuntius am französischen Hofe von Katharina de' Medici verbracht. Im Inneren des Palastes weist die Zimmerflucht aus dem 16. Jahrhundert im Piano nobile – „ein kleines italienisches Fontainebleau" –, ein bemerkenswertes manieristisches Repertoire auf, das eine nostalgische und heidnische Atmosphäre ausstrahlt. Die Stuckdekora-

Die *Stuckgalerie* ist ein prachtvolles Beispiel für den erlesenen und phantasievollen Geschmack von Kardinal Gerolamo. Sie wurde von Giulio Mazzoni und seiner Werkstatt mit Stuckverzierungen und Gemälden ausgestattet, die Szenen aus den *Metamorphosen* Ovids und geschichtliche Begebenheiten der Antike darstellen. Das Gewölbe der Stuckgalerie umfaßt verschiedene Gemälde, darunter auch eine Darstellung von Narziß, der sein Spiegelbild im Wasser betrachtet.

tionen und die Fresken in der von Mazzoni und seiner Werkstatt ausgestalteten Galerie verherrlichen die Schönheit des Körpers mit hellenistischen Bezügen – eine Anspielung auf die unter „Ruinen und antiken Kunstwerken“ begrabenen Grotesken,

Der *Saal der Jahreszeiten (Sala delle Stagioni)* ist vollkommen mit Dekorationen von Mazzoni bedeckt. In der Mitte des Saales befindet sich die Szene des *Wassers*, neben ihr auf der einen Seite die des *Frühlings*, auf der anderen Seite die des *Herbstes*.
Rechte Seite: Einer der jungen Epheben, die den Stuckpilaster an der Wand stützen. Er wurde von Giulio Mazzoni modelliert.

die einige Jahrzehnte zuvor von den Schülern Raffaels begierig ausgegraben worden waren. In diesen Räumen geht der verspielte, phantasievolle und kapriziöse Geist des Manierismus um, jener durch die Euphorie an den Höfen auflebenden Eleganz, der jedoch schon bald das Konzil von Trient mit seinen Reformen strenge Zügel anlegen sollte. Die Szenen stellen die *Metamorphosen* Ovids, die vier Teile der Welt, die vier Jahreszeiten und die vier Elemente dar und spielen auf diese Art und Weise auf die vielfältige,

kontinuierliche Beziehung zwischen der heidnischen Welt und der christlichen Kultur an, die dem Auftraggeber am Herzen lag. Von der Galerie gelangt man in den Saal der Nymphe Kallisto (ein Werk von Giulio Mazzonis Mitarbeitern) und von dort in den Äneas-Saal und den Saal von Achill; diese beiden Säle sind eng mit dem Namen Perin del Vaga verbunden. Nach den neuesten Erkenntnissen geht der Fries, der historische Episoden der Antike erzählt, auf Siciolante da Sermoneta zurück, während die Fresken von Amor und Psyche einem Künstler aus dem Umfeld von Pellegrino Tibaldi zugeschrieben werden. Im Jahre 1632 wurde der Palast von Kardinal Bernardino Spada und seinem Bruder Virgilio gekauft, und das hatte zur Folge, daß er im Barock zu neuer Größe erstand. Wenn der Palast heute den Namen der beiden Brüder trägt, so vor allem deswegen, weil sie in dem Bauwerk eine

Die Sammlung von Bernardino Spada, die in der Galerie im ersten Geschoß ausgestellt ist, trägt seinen Namen. Es handelt sich um eine kleine, aber sehr wertvolle patrizische Gemälde- und Skulpturensammlung, die der Kardinal ab 1630 zusammengetragen hatte. Sie belegt auf eindrucksvolle Weise seinen erlesenen Geschmack und die Beziehungen die er zu einigen bedeutenden Künstlern seiner Zeit pflegte, wie zum Beispiel zu Guido Reni, vom dem er sich 1631 porträtieren ließ.

wertvolle Sammlung von Kunstschätzen unterbrachten. Sofort nach dem Kauf leitete Bernardino die Restaurierung des Gebäudes ein und ließ einen linken Flügel anbauen. Das Studierzimmer erinnert an Bernardinos Interesse an der Perspektive, Astronomie, Astrologie und seinen Hang zur Dichtkunst im allgemeinen; zu seinem persönlichen Vergnügen dichtete er selbst in lateinischer Sprache. Um die wertvolle Gemäldesammlung aufzunehmen, die der Kardinal während seines Aufenthaltes in Bologna zusammengetragen hatte, entstand eine richtige Galerie – ein privates Museum des Kardinals. In den Jahren 1627 bis 1631 fungierte er als päpstlicher Gesandter in Bologna, wo er freundschaftliche Kontakte mit den berühmtesten Künstlern der Stadt pflegte. Auch nach seiner Rückkehr nach Rom sammelte er weiterhin Gemälde aus der Emilia, für die er eine ausgesprochene Vorliebe hatte. Ganz im besonderen liebte er es, sich malen zu lassen, wie wir anhand des berühmten Porträts ersehen können, mit dem er im Jahre 1631 Reni beauftragte, zu dem er während seines Aufenthalts in Bologna eine enge Bekanntschaft unterhielt. Seine Züge sind auch in einem Bild von Guercino festgehalten. Dieser Künstler war im Namen der französischen Königin Maria de' Medici während Spadas Aufenthalt als Nuntius in Paris angesprochen worden, ob er die Fresken im Königspalast von Luxemburg malen würde. Diese interessanten Begegnungen beeinflußten teilweise seine Wahl bei der Auftragserteilung an Künstler, während sein Bruder Virgilio, der sich leidenschaftlich für Architektur interessierte, eine wichtige Rolle bei der Aufsicht über die architektonische Planung spielte. Im Jahre 1622 war er der Confoederatio Oratorii S. Philippi Neri (Verband des hl. Philipp Neri) in Rom beigetreten, in der er schon sehr bald eine wichtige Rolle spielen sollte. Im Kreise seines Förderers, Papst Innozenz X. Pamphili, und im besonderen über die Philippiner, lernte er Francesco Borromini ken-

Guercino, *Didos Tod*, 1631

nen, dessen Freund und Auftraggeber er wurde. Borromini entwarf für den Palazzo Spada die bekannte perspektivische Kolonnade, das Meisterwerk dieses kunstvollen Gebäudes: einen illusionistischen Raum, der falsche Maße vortäuscht – er scheint viel länger, als er in Wirklichkeit ist. Er greift dabei auf die mathematischen Kenntnisse von Pater Giovanni Bitonto zurück und ersetzt die malerische Scheinperspektive durch eine architektonische, die in Wirklichkeit den engen Raum des privaten Gartens vergrößerte. Ähnlich ausgeklügelt war der Entwurf für die Galerie der Sonnen- und Monduhren gebaut, diesmal nach den Empfehlungen eines Paulanerpaters aus dem Kloster Trinità dei Monti. Bernardino Spada, der während seines Aufenthaltes in Bologna seine Leidenschaft für perspektivische Veduten entdeckt hatte, hatte sich mit den zwei bedeutendsten Quadraturmalern jener Zeit – Angelo Mengozzi Colonna und Agostino Mitelli – in Verbindung gesetzt. Er beorderte diese beiden hervorragenden Künstler nach Rom, damit sie den sogenannten *Pompejussaal* ausmalen sollten. Der Saal verdankt seinen Namen der großen Statue des Feldherrn, die noch heute in der Mitte einer Saalwand zu sehen ist. Malvasia erinnert sich an die ständigen Einmischungen des Kardinals in die Arbeit der Künstlerwerkstätten und an die Beschwerden der beiden Bologneser Künstler.

Seit dem Jahre 1632 vertraute der Kardinal Spada Malern, Dekorateuren, Stukkateuren, Vergoldern und Schnitzern die Ausführung der Restaurierungs- und Umbauarbeiten einiger Räumlichkeiten an, unter denen sich auch der große *Pompejussaal* befindet. Er verdankt seinen Namen der überlebensgroßen Statue des Feldherrn, die 1552 wiederentdeckt wurde, auf einem Sockel in der Mitte der Wand steht und ein Geschenk des Papstes Julius III. an den Kardinal Gerolamo Capodiferro war. Für die malerische Ausschmükkung des Saales wurden zwei Illusionsmaler aus Bologna – Angelo Mengozzi Colonna und Agostino Mitelli – nach Rom gerufen, die mit meisterlicher Kunstfertigkeit die perspektivischen Veduten im Pompejussaal anfertigten.

Palazzo dei Conservatori

Schon in der sagenumwobenen Zeit der Stadtgründung durch Romulus und Remus war das Kapitol das Herz der Stadt. Auf der Anhöhe des Hügels entstand die Akropolis der Tarquinier. Den prachtvollen Tempel des Jupiter Capitolinus umgaben später in zwangloser Anordnung mehrere kleinere Bauwerke: Altäre, Statuen und kleine Heiligtümer. Von einem Triumphzug umjubelt, stiegen die siegreichen Feldherren den Hügel hinauf, um den Göttern zu huldigen, ihre Gunst zu erbitten und um das rituelle Opfer am Fuße des Saturntempels darzubringen. Im Altertum verwüsteten zahlreiche Brände das Antlitz des heiligen Hügels und machten mehrmalige Restaurierungsarbeiten erforderlich. Jedesmal erstand das Kapitol noch prächtiger als vorher, so daß es schließlich – wie Cassiodor berichtet – „die Vorstellungskraft des menschlichen Geistes" übertraf. Dann wurde der Hügel verlassen. Die Ruinen der Tempel fielen eine nach der anderen in sich zusammen, und die Säulen wurden in den Werkstätten in der Ebene zu Kalk zermahlen. Es folgte eine ländlich geprägte Epoche, während der der Name der verschiedenen Orte sich änderte: Die Namen Monte Caprino („Ziegenberg") oder Monte Vaccino („Kuhberg") schienen besser zu den Ruinen zu passen, zwischen denen das Vieh weidete. In dieser Zeit entstanden die ersten befestigten Türme der Familie der Corsi, und um die erste Jahrtausendwende kehrte die Bevölkerung von Rom zum alten Brauch zurück, sich auf dem Kapitol zu versammeln, das damals wieder zum Mittelpunkt der Stadt wurde. Während des Pontifikats Pauls III. Farnese wurden in einem langfristig angelegten Programm große Bauvorhaben durchgeführt. Im Verlauf dieser Arbeiten wurde die Entscheidung getroffen, das ungeordnete Gedränge mit Türmen bestück-

Der Palazzo dei Conservatori (Konservatorenpalast) wurde Mitte des 15. Jahrhunderts unter Nikolaus V. wiederaufgebaut, der ihn zum Amtssitz der Konservatoren bestimmte, d. h. der gewählten Beamten, die die Stadt verwalteten. Die Fassade des Gebäudes wurde 1563 von Michelangelo renoviert und nach seinen Entwürfen von Guido Guidetti und danach von Giacomo della Porta im Jahre 1568 fertiggestellt. Im Obergeschoß öffnen sich große, von Halbsäulen eingerahmte Fenster und Balkone, die von einem mit einer Muschel geschmückten Segmentgiebel gekrönt sind.

ter Gebäude radikal zu verändern. Es galt, die Wunden, die der blutige *Sacco di Roma* im Jahre 1527 der Stadt geschlagen hatte, dadurch zum Verschwinden zu bringen, daß neue Bauwerke an den markanten Punkten zur Verschönerung des Stadtbilds errichtet wurden. Der Papst entschloß sich, den Palazzo Venezia zu seiner Sommerresidenz auszubauen. Er wurde daraufhin befestigt und durch einen überdachten Korridor mit dem Kapitolinischen Hügel verbunden. Ab dem Mittelalter war ein Großteil der römischen Bevölkerung der kirchlichen Übermacht feindlich gesinnt, wodurch über mehrere Jahrhunderte hinweg Fehden zwischen den einzelnen Gruppierungen entstanden. Das Kapitol - seit jeher das Wahrzeichen der republikanischen Freiheit - war einer der Lieblingsorte Pauls III., der dort endgültig die Autorität der Kirche zu besiegeln gedachte. Eine Segnungsloggia, die später in den Palast der Kapitolinischen Museen umwandelt worden ist, bezeugt die Präsenz der Kirche. Michelangelo folgte dem Ruf Pauls III. Farnese und kehrte im Jahre 1534 nach Rom zurück, um die Bauwerke zu entwerfen, die ihn bis an sein Lebensende beschäftigen sollten. In den ersten Tagen des Jahres 1538 begann die Umgestal-

Im Innenhof stehen antike Fragmente, zum Beispiel der kolossale *Kopf Konstantins*. Dieser Kopf sowie auch eine Hand und andere Bruchstücke stammen von der zwölf Meter hohen Statue des Kaisers, die aus Marmor und vergoldetem Holz bestand und die Konstantinsbasilika geschmückt hatte. Reliefs, Trophäen, Grabsteine und Inschriften erinnern an die Zeit Cäsars.

TI·CLAV
AVGV
PONTIFIC
COS·V·IM
SENATVS·PO
REGES·BRIT
VLLA·IACTV
GENTESQVE
PRIMVS·INDIC

tung Roms damit, daß das monumentale Reiterstandbild Marc Aurels, das vorher im Lateran gestanden hatte, in der Mitte des Kapitols aufstellt wurde. Nur einige Jahre später, im Jahre 1562, begann Michelangelo mit dem Bau der Fassade des Konservatorenpalastes. Er entschied sich dafür, ihm einen weiteren Zwillingsbau gegenüberzustellen; als Hintergrund beließ er den restaurierten Senatorenpalast, und zur Stadt hin errichtete er die kunstvolle Balustrade mit den rosseführenden Dioskuren. Als Michelangelo starb, war sein Werk jedoch noch nicht vollendet. Im großen und ganzen wurde die Anlage genauso fertiggestellt, wie Michelangelo sie entworfen hatte. Mit seiner Nachfolge wurde einer seiner Schüler betraut, Giacomo della Porta, der sich - von einigen Ausnahmen abgesehen - an die Anweisungen des großen Meisters hielt. Ende 1580 war die Fassade des Konservatorenpalastes endlich fertiggestellt. Der Palast, der im 15. Jahrhunderts auf Wunsch Papst Nikolaus' V. erbaut worden war und bisher an dieser Stelle gestanden hatte, war nicht abgerissen worden, sondern man hatte ihn einfach, den neuen architektonischen Regeln entsprechend, restauriert und modernisiert. Im Portikus waren die ersten Skulpturen der Kapitolinischen Sammlung (sie wurde von Papst Sixtus IV. im Jahre 1471 gegründet und war die älteste öffentliche Kunstsammlung des Abendlandes) aufgestellt worden. Darunter befanden sich die Flußgottheiten und die bronzene Wölfin, das Wahrzeichen der Stadt. Im Erdgeschoß hatten die alten Zünfte der Stadt ihren Sitz: Die Apotheker und Gastwirte, die Schmiede und Zimmerleute versammelten sich unter den Arkaden, um über ihre Rechte zu diskutieren. Die weltliche Macht der Konservatoren und der Senatoren, die dort die Gerichtsbarkeit ausgeübt hatten, begann allmählich zu schwinden. Die Unabhängigkeit der Stadt, die schon seit jeher ihre Wurzeln auf dem Kapi-

Am Ende des Innenhofes schützt ein Portikus die kolossale Statue der *Roma*, die zu Zeiten Trajans geschaffen wurde.

AD AVGENDAM CAPITOLII MAIESTATEM
TRANSTVLIT
ANNO SALVT. MDCCXX.

tol gehabt hatte, verlor zugunsten der absoluten Vorherrschaft der Kirche vollkommen an Bedeutung. Die Säle im Piano nobile, die im 15. und 16. Jahrhundert von Künstlern wie Jacopo Ripanda mit Fresken bemalt wurden und Geschichten des antiken Rom erzählen, waren von Michelangelo durch eine monumentale und formenstrenge Treppe miteinander verbunden. Während der ersten Hälfte der vierziger Jahre wurden einige Räume ausgeschmückt. Die Friese in den Sälen, die die Namen *Sala delle Aquile* (Saal der Adler) und *Sala delle Oche* (Saal der Gänse) tragen, stellen Episoden der römischen Geschichte dar und wechseln mit Veduten des antiken und des modernen Rom ab. Der Fries aus dem Jahre 1544 im Thronsaal (*Sala del Trono*) stellt Begebenheiten aus dem Leben Scipios und Statuengruppen dar. Der Maler dieser Fresken – der Spanier Pedro de Rubiales – war ein Schüler Salviatis. Der große *Saal der Horatier und Curiatier*, der von dem Cavaliere d'Arpino dekoriert wurde, erzählt Episoden aus der Geschichte Roms. Der Auftrag wurde ihm mit den ehrenden Worten „pictori unico raro et eccellenti ac primario tanto e reputato" vergeben. Zwischen Januar und Mai des Jahres 1596 malte er – so steht es in den Urkunden – das erste Fresko des großen Bilderzy-

In dem großen *Saal der Horatier und Curiatier*, in dem sich der öffentliche Rat versammelte, malte der Cavaliere d'Arpino Episoden aus der Zeit der Gründung Roms, die Kämpfe zwischen den Horatiern und Curiatiern, den Raub der Sabinerinnen und den Kampf gegen die Vejenter und Fidenaten darstellen. An den Schmalseiten des Saales stellten Gian Lorenzo Bernini und Alessandro Algardi die Marmorstatue von Urban VIII. Barberini und die große Bronzestatue von Innozenz X. Pamphili auf.

klus des Saales, *Die Auffindung der Wölfin*, eine Szene aus den Erzählungen von Titus Livius. Im folgenden Jahr wurden Zahlungen für die berühmte Schlacht zwischen den Römern und den Vejentern geleistet - ein Beispiel für die Malerei des ausgehenden 16. Jahrhunderts, der vor allem an Klarheit, Symmetrie, Harmonie und klassischen Themen lag. Ganze dreißig Jahre lang war der bewundernswerte und tatkräftige Cavaliere mit der Ausmalung des Palazzo dei Conservatori beschäftigt. 1612 malte er den *Kampf zwischen den Horatiern und Curiatiern*, ein historisches Bild par exellence, das die römische Schule der Malerei in eine Richtung lenkte, in der der figürliche Aufbau eines Bildes leicht zu erfassen war, die Aussage des Bildes hingegen großartig. Danach wurden die Arbeiten wurden trotz wiederholter Mahnungen der Auftraggeber bis 1630 unterbrochen. Obwohl er sehr empfindlich und mißtrauisch war, hatte sich der Ruf des Malers in ganz Europa verbreitet. Im 17. Jahrhundert stellten Bernini und Algardi an den beiden Schmalseiten des großen Saales zwei riesige Statuen auf, die deren Gönner - Urban VIII. Barberini und Innozenz X. Doria Pamphili - in einer segnenden Gebärde darstellen und die vorher dort aufgestellte und inzwischen zerstörte Statue Sixtus' V. ersetzten.
Wie durch ein Wunder haben das Kapitol und der Konservatorenpalast durch die Um-

Jacopo Ripanda und seine Werkstatt malten im Saal der Punischen Kriege dieses Bild, *Hannibal auf dem Elefanten*, im ersten Jahrzehnt des 16. Jahrhunderts.

weltverschmutzung unserer heutigen Zeit keinen allzu großen Schaden genommen und sind als Wahrzeichen für die geschichtliche Kontinuität Roms erhalten geblieben. Als Sitz der städtischen Gemäldesammlung ist der erste Palast der Öffentlichkeit zugänglich, während sich im gegenüberliegenden Palast die archäologische Sammlung der Stadt und das Original der Statue Marc Aurels befinden.

Der *Triumphsaal* ist mit einem Fries aus dem Jahre 1569 von Michele Alberti und Giacomo Rocchetti verziert, das den *Triumph des Aemilius Paulus über Perseus von Mazedonien* darstellt. In der Mitte des Saales steht der *Dornauszieher*, eine berühmte römische Bronzeskulptur aus der hellenistischen Zeit. *Die Esquilinische Venus*, die aus der Villa Palombara zurückgeholt worden war, ist aus parischem Marmor. Sie ist beispielhaft für die eklektische römische Statue des 1. Jahrhunderts v. Chr. nach dem Vorbild des griechischen Bildhauers Praxiteles.

Palazzo Sacchetti

Der Palast, der ursprünglich von Antonio da Sangallo bewohnt wurde und danach von Kardinal Giovanni Ricci und der Familie Ceoli, liegt am Tiber, von dem er nur durch einen mit einer Mauer umgebenen Garten getrennt wurde. Die Loggia am Ende des Gartens wurde von der Bankiersfamilie Ceoli aus Pisa errichtet, die aus der Toskana stammte und sich zur toskanischen Gemeinde in der nahen Kirche San Giovanni de' Fiorentini zugehörig fühlte.

Fast zwanzig Jahre lang konnte sich Antonio da Sangallo d. J. unangefochten als Lieblingsarchitekt der emporstrebenden Aristokratie in Rom behaupten. Er entwarf für sie befestigte Wohnhäuser, die an den Anfang seiner Karriere als Militärarchitekt erinnern. Unermüdlich hatte er sich mit dem zentralen Thema des Palastbaus befaßt. Als Schüler Bramantes hatte er in seiner Jugend die Entstehung der humanistischen Ideale miterlebt, um dann im Laufe des Jahrhunderts zu sehen, wie diese Ideale in formale und akademische Konzeptionen umgesetzt wurden. Michelangelo war der Ansicht, Sangallo sei teilweise mitverantwortlich gewesen für den Verlust dessen, was er die „süße intellektuelle Freiheit" nannte. Seiner Meinung nach hatte sich Sangallo dem neuen tridentinischen Diktat, das eine ganze Künstlergeneration von ihren experimentellen Bestrebungen abhielt, allzu bereitwillig gebeugt. Sangallo entwarf für sich und seine Familie das Wohnhaus in der Via Giulia. Ein Gedenkstein an der linken Seite des Balkons erinnert an den Namen des Architekten und daran, daß der Palast primär als privater Wohnsitz dienen sollte: „Domus. Antonii. Sangalli. Architecti MDXLIII". Als Besitzer zweier weiterer Gebäude in der Via Giulia hatte er im Jahre 1542 vom Kapitel des Vatikans eine neues, bebaubares Grundstück erhalten, das so lag, daß es von den gefürchteten Hochwassern des Tibers nicht überschwemmt werden konnte. Obwohl Sangallo berühmt und bei den Mächtigen sehr beliebt war und es auch zu Wohlstand gebracht hatte, reichte sein Vermögen nicht

aus, sich seinen Wunsch zu erfüllen und auch für sich ein prächtiges Wohnhaus zu bauen. Durch den Tod des Architekten im Jahre 1546 wurde der gerade erst begonnene Palast nur teilweise fertiggestellt. Die baulichen Veränderungen nach dem Tod Sangallos und das tatsächliche Fortschreiten der Arbeiten erscheinen so umfassend, daß sie sowohl auf eine eventuelle Ungenauigkeit der Quellen als auch auf radikale Umbauten seines Nachfolgers hin untersucht werden müssen. Ein besonders einflußreiches Mitglied der toskanischen Gemeinde, die sich in der benachbarten Kirche San Giovanni de' Fiorentini versammelte, Kardinal Giovanni Ricci aus Montepulciano – auch er hatte zahlreiche Mißgeschicke erlebt –, kaufte 1552 Orazio, dem Sohn des Architekten, den Palast in der Via Giulia ab. Er vergrößerte und veränderte das Gebäude. Seine Größe wurde den repräsentativen Anforderungen des Kardinals angepaßt. Neue Säle wurden nach dem Kauf des angrenzenden Hauses der Brüder Massari und Narni angebaut. Der Auftrag wurde an Nanni di Baccio Bigio vergeben, einen Anhänger der Tradition Sangallos, der den Geist des Meisters perfekt interpretieren konnte. Mit beachtlichem technischem Können vollendete er den Bau. Er wurde der Lieblingsarchitekt des Kardinals, der ihm den Bau der Vatikanischen Privatgemächer und die Instandsetzung der Villa vor den Toren Roms über-

Einige der Räume im Piano nobile aus dem 16. Jahrhundert, die zur Zeit Sangallos gebaut wurden, wurden im Auftrag des einflußreichen Kardinals Ricci von Jacquio Ponsio dekoriert, der in den Dokumenten als „das flämische Malerlein" erwähnt wird. Der Alexandersaal (*Stanza di Alessandro*) erzählt im Stil des 16. Jahrhunderts die Heldentaten des großen Eroberers.

trug, die seine außergewöhnlich kostbare Kunstsammlung beherbergen sollte und die ihren Namen von den späteren Besitzern, den Medici, bekam. Beim Ausbau des Erdgeschosses hielt man sich offensichtlich streng an die Entwürfe San-gallos, insgesamt aber scheint es ein ganz neuer Palast zu sein. Nach dem Tod von Nanni wurden einige kleine Veränderungen von Giacomo della Porta vorgenommen, der die Bauaufsicht übernommen hatte. Der junge Domenico Fontana war als Stukkateur ebenfalls auf der Baustelle beschäftigt. Nach Fertigstellung der Bauarbeiten wurde im Jahre 1553 Francesco Salviati - auch er stammte aus der Toskana - beauftragt, den großen Saal, der auch unter dem Namen *Sala dei Mappamondi (Globensaal)* bekannt ist, mit Fresken auszumalen. Auf diese Weise entstand ein außergewöhnlich schöner und dekorativer Zyklus, der von der überschäumenden Phantasie des Malers zeugt. Er ist das Werk eines experimentierfreudigen und genialen Geistes, der es wagte, bis zum Unnatürlichen zu gehen. Die Geschichten von David und Batseba aus dem Alten Testament wurden als genialer Kunstgriff definiert - als Bild im Bild. Salviati trieb, wie alle Künstler seiner Generation, die Abstrusität des Manierismus auf die Spitze und eröffnete eine neue Vision, die weit entfernt war von der Natürlichkeit, der Symmetrie und der Harmonie der Renaissance. Eingerahmt von ausladenden Gir-

Eine wertvolle Kunstsammlung der Familie Ceoli, bestehend aus Marmorwerken und antiken Statuen, wurde im Palast untergebracht, bevor sie von Scipione Borghese aufgekauft wurde. Die prachtvolle Decke, die noch zu Zeiten Tiberio Ceolis geschnitzt worden war - einem wohlhabenden Bankier, der die Vergrößerung der Palastes veranlaßte, nachdem er ihn im Jahre 1576 von Giulio Ricci gekauft hatte –, präsentiert in ihrer Mitte das Wappen der Marchesi Sacchetti. Es wurde erst später hinzugefügt, als der Palast im Jahre 1642 endgültig in deren Besitz überging, nachdem sie aufgrund einiger Unstimmigkeiten mit den Medici nach Rom gezogen waren.

landen, strecken sich die nackten, plastischen Figuren schmachtend auf den Konsolen der Tür aus, wie antike, sorgfältig ausgeklügelte Werke. Diese Fresken mit ihrer komplexen Raumaufteilung stellen eine der faszinierendsten Seiten der Malerei des 16. Jahrhunderts dar. Nach dem Tod des Kardinals 1576 gelangte eine Bankiersfamilie aus Pisa - die Familie Ceoli - in den Besitz des Palastes. Sie vervollständigten die Dekorationen und brachte eine Sammlung antiker Skulpturen in den Palast. Ganze 273 Marmorstücke wurden katalogisiert und in die Haupträume der Skulpturensammlung der Vatikanischen Museen gebracht. Außerdem gab Tiberio Ceoli die Ausschmückung der Galerie in Auftrag. Sie wurde mit einer wunderschönen Decke versehen und von Giacomo Rocca - er versuchte mit seiner Malerei Michelangelo nachzueifern und sammelte dessen Bilder - mit Fresken von Propheten und Sibyllen ausgemalt. Auch das Nymphäum mit seinen schlichten Mosaiken stammt aus dieser Zeit. Das sternförmige Motiv aus dem Wappen der Familie Ceoli taucht immer wieder in den fünf dicht am Garten gelegenen Ankleideräumen auf. Der Grundriß des Gebäudes wurde durch den Anbau von zwei neuen Flügeln und einer auf den Fluß blikkenden Loggia, deren Vorderseite den Abschluß des Gartens bildet, beträchtlich verändert. Im Jahre 1608 ging der Palast in den Besitz des

Die Galerie wurde 1573 von Ricci gebaut, aber die Dekorationen wurden von der Familie Ceoli vervollständigt. Sie beauftragte Giacomo Rocca damit, die Wände mit Sibyllen und Propheten auszumalen. Deutlich erkennbar ist das Vorbild Michelangelos, für den Rocca eine große Zuneigung empfand, wie die zahlreichen Studien seiner Werke belegen.

DELPHICA

Kardinals Ottavio Acquaviva d'Aragona über, der eine private Kapelle erbauen ließ. Seit 1649 wohnt dort die alte Familie der Marchesi Sacchetti, die derzeitigen Besitzer, die aus Fiesole in das Viertel gezogen waren, das früher einmal - Ende des 16. Jahrhunderts - das toskanische Viertel schlechthin gewesen war. Unter diesen letzten Auftraggebern erlebte der Palast eine neue Renaissance. Marcello und Giulio zeichneten sich während des 17. Jahrhunderts durch ihre aufgeklärte klassische Bildung aus, von der sie durchdrungen waren, und durch den erlesenen Kreis von Literaten und Künstlern - sie protegierten die Künstler -, die sich in ihrem Palast einfanden. Ihr Palast wurde Sitz eines ausgesuchten Mäzenatentums, das von den beiden Brüdern, die gemeinsam eine prachtvolle Gemäldesammlung zusammentrugen, aufmerksam geleitet wurde. In den Chroniken aus dieser Zeit kursiert das Gerücht, daß allein der Schatten des Kardinals genügte, um einen Künstler zu unterstützen. Mit einer ausgesprochenen Vorliebe für den barocken Stil waren sie die wichtigsten Förderer des großen Dekorationskünstlers Pietro da Cortona, der ein wunderschönes Porträt für den Kardinal Giulio malte. Die Kuppel und die Laterne in der Mitte der Privatkapelle waren mit Sicherheit zu Beginn der Karriere da Cortonas angefertigt worden und wurden von Agostino Ciampelli ausgeschmückt. Er malte im Speisesaal, der in

Der *Globensaal* im Piano nobile, der von Francesco Salviati mit Fresken ausgemalt wurde, erhielt seinen Namen wegen der beiden Globen, die dort verwahrt sind. Bekannt geworden ist er aber durch die Malereien, die der toskanische Künstler im Auftrag Kardinal Riccis aus Montepulciano ausgeführt hat. Das Thema dafür wählte er selbst aus: *Die Geschichten König Davids.* Salviati malte die Fresken in den Jahren 1553/54.

dem zum Tiber hin ausgerichteten Flügel lag und der auf Wunsch des Bankiers Ceoli entstanden war, zwei Fresken, die *Adam und Eva* und *die Heilige Familie* darstellen. Besondere Sorgfalt widmete er jedoch der außergewöhnlichen Villa bei der Pineta Sacchetti, die heute leider zerstört ist. Carlo Rainaldi baute 1660 das Nymphäum um und grenzte es mit einer Mauer zum Tiber hin ab, wo Boccia gespielt wurde. Die Loggien wurden erst Mitte des 19. Jahrhunderts geschlossen, während bereits im Jahre 1699 der zum Tiber hin gelegene Teil des Palastes nach einem Entwurf Giovan Battista Continis erhöht worden war. Die berühmte Gemäldesammlung, die Giulio und Marcello Sacchetti während des 17. Jahrhunderts zusammengetragen hatten, wurde vom Marchese Giovanni Battista Mitte des 18. Jahrhunderts an Papst Benedikt XIV. verkauft. Giovanni Paolo Pannini und Giacomo Zoboli schätzten den Wert der Sammlung auf insgesamt 25 000 Scudi. Der Papst verfügte, daß diese Sammlung, gemeinsam mit der des Kardinals Pio, die Kapitolinische Sammlung bilden sollte, die somit das erste öffentliche Museum der Geschichte darstellte.

Francesco Salviati, *Die Geschichten König Davids*: *David tanzt vor der Bundeslade;* ein Ausschnitt aus den Fresken.

Palazzo Pecci Blunt

Die schlichte und elegante Fassade des Palastes aus dem 16. Jahrhundert, der für die Familie Albertoni erbaut wurde, steht gegenüber der Kapitolinischen Freitreppe, die von Michelangelo entworfen wurde. Ursprünglich bestand er aus zwei Geschossen, die von einem reichgeschmückten Kranzgesims gekrönt waren. Im 19. Jahrhundert wurde ein drittes Geschoß mit einem Altan daraufgesetzt. Das große Eingangsportal erinnert an die Fenster im Piano nobile, die ebenfalls von einem linearen Architrav geschmückt werden. Der Speisesaal im Piano nobile ist mit einer interessanten Skulptur geschmückt, die die Venus darstellt.

Gegenüber der Kapitolinischen Treppe von Michelangelo erhebt sich der während der ersten Hälfte des 16. Jahrhunderts erbaute Palast mit seiner schlichten und eleganten Fassade. Ein mit einem Architrav versehenes Portal führt über einen Hausflur in den Innenhof mit seinem Brunnen. Das Gebäude wurde für die Familie Albertoni erbaut - die unumstrittenen Herren dieses Viertels. Die Familie Albertoni entstammte einem alten römischen Adelsgeschlecht und war besonders deshalb bekannt geworden, weil aus ihr die selige Ludovica hervorgegangen war, der zu Ehren Gian Lorenzo Bernini ein Denkmal in der Kirche von San Francesco a Ripa anfertigte. Als Kardinäle und Konservatoren auf dem Kapitol wohnten die Mitglieder der Familie Paluzzi Albertoni in diesem Stadtteil und bauten an der Piazza Campitelli und an der Piazza Margana weitere Paläste. Die Familie Paluzzi Albertoni, die 1644 mit dem letzten Sproß der Familie Altieri ausstarb, war mit der mittelalterlichen Familie Piermattei verwandt. Im Jahre 1550 wurde der Palast an der Piazza dell'Aracoeli von Kardinal Silvestro Gottardi gekauft und kurz darauf von Maria Fani; einige Jahrzehnte später ging er in den Besitz des Marchese Bartolomeo Ruspoli über. Letzterer residierte dort, bis er in die Via del Corso umzog. Der Palast war die erste römische Residenz dieser toskanischen Familie. In der Zwischenzeit hatten hier einige illustre Prälaten gewohnt, wie zum Beispiel Kardinal Federico Borromeo, Kardinal Sfrondati und Bernardino Spada. Es war die Familie Fani, die den Palast von Giacomo della Porta, der in den letzten

Jahren des 16. Jahrhunderts dort gelebt hatte und später in dem angrenzenden Viertel ein Haus erwarb, umbauen ließ. Im Jahre 1590 entwarf der Architekt den Brunnen auf der Piazza dell'Aracoeli. Zu Beginn des 17. Jahrhunderts wurde der Palast Wohnsitz der Grafen Malatesta, um dann 1929 in den Besitz seiner heutigen Eigentümer, der Grafen Pecci Blunt, überzugehen. Ursprünglich bestand der Palast aus zwei Geschossen, die von einem eleganten Hauptgesims gekrönt waren. Im ersten Geschoß nehmen die mit einem Architrav versehenen Fenster das Motiv des Hauptportals wieder auf; einem Aufbau aus dem 19. Jahrhundert wurde ein panoramischer Altan aufgesetzt. Eine Eckrustika erstreckt sich über die gesamte Höhe des Palastes. Das Schmuckstück dieser Konstruktion war die reich mit Fresken und Golddekorationen verzierte Stuckloggia, deren Bau Mitte des 16. Jahrhunderts von dem Genueser Kardinal Serra in Auftrag gegeben wurde. Die Residenz, die ihm vom Vatikan zur Verfügung gestellt worden war, hatte ein Gartentor zur Via di Tor de' Specchi. In den weitläufigen Räumlichkeiten des Piano nobile arbeiteten Schüler der Brüder Zuccari, Ventura Salimbeni und Gaspard Dughet – ein Schwager Poussins, der in Rom „il Pussino" genannt wurde. Gemälde des letzteren befinden sich an der Decke einer kleinen Loggia. Sie erzählen von der Erschaffung Evas, von Lots Fortgang aus Sodom, von

Der große Eingangssalon wird von einem Fries aus dem 16. Jahrhundert eingerahmt. Es wurde von einem spätmanieristischen Maler aus der Schule Zuccaris gemalt. Die Kassettendecke ist entlang der Balken mit Pflanzenmotiven dekoriert. Den Auftrag für die Ausgestaltung kam vermutlich von der Familie Ruspoli, die im 17. Jahrhundert den Palast bewohnte.

den Töchtern Lots, von Balaam und dem Engel, von Abraham, der Hagar verstößt, von Hagar und Ismael in der Wüste und von Tobias. Marie Nicole Boisclair - die Verfasserin einer Monographie über Dughet - neigt dazu, diesen in Landschaften eingefügten Bilderzyklus dem Maler Pier Francesco Mola zuzuschreiben. In seinen Bänden über die römische Landschaftsmalerei des 17. Jahrhunderts weigert sich auch Luigi Salerno, diese Gemälde Poussin zuzuschreiben. Vermutlich hat hauptsächlich Ventura Salimbeni an dem Freskenzyklus gearbeitet, der während seines Aufenthalts in Rom entstand. Der Sieneser hielt sich seit 1585 in der Hauptstadt auf - in diesem Jahr wurde er als Zeuge in einem Prozeß nach Rom geladen -, um im Lateranspalast, in der Segnungsloggia und in der Sixtinischen Bibliothek zusammen mit Cesare Nebbia und Giovanni Guerra zu malen. Bei den Fresken, die er für den Palazzo Pecci Blunt ausführte, stellte er außer einem heiteren Gemüt auch sein Talent als lebendiger und spontaner Erzähler unter Beweis. Diese Fähigkeit brachte ihm wichtige Aufträge ein, wie zum Beispiel die Ausschmückung der beiden Kirchen Santa Maria Maggiore und Il Gesù sowie der Fassade des Palazzo Verospi. Noch zu Lebzeiten erfreute er sich großer Popularität, dank der Geschicklichkeit und des Einfallsreichtums, den er in der Freskenmalerei bewies. Giovanni Baglioni, ein Zeitgenosse von ihm, beschreibt ihn als ruhelos, oberflächlich und wenig lernbegierig: „Seine Professoren setzten große Hoffnung in ihn und glaubten, er würde es zu etwas bringen, als sie seine ersten Werke sahen, da er eine hochherzige Gesinnung und einen guten Stil hatte, aber da er sich nur amüsierte, wurde er träge und vergnügte sich mit Liebschaften, so daß er nicht den Erfolg erzielen konnte, den sich die Leute erhofft hatten ...". Der Fries im Pia-

Eine Reihe von Sälen führt zu einer kleinen, überdachten Loggia, die mit anmutigen Landschaftsbildern eines Schülers von Dughet ausgeschmückt wurde. In der Mitte des Saales steht auf einer Säule eine römische Alabastervase. Das Gewölbe auf der nächsten Seite ist mit Stuckdekorationen aus dem 16. Jahrhundert verziert.

no nobile ist von exquisiter Eleganz in seinen Formen und einer klaren und lebhaften Farbgebung. Die Fresken, die von Federico und Taddeo Zuccari zusammen mit ihren Mitarbeitern ausgeführt wurden, spiegeln das Diktat der manieristischen Malerei wider, deren hervorragenster Vertreter in Rom Perin del Vaga war. Die hingegossenen, kurvenreichen Figuren fügen sich in immer komplexere und ausgeklügeltere Kulissen ein; die in schillernden Farben abgebildete Vision wird hauptsächlich auf die Oberfläche projiziert. Die Themen handeln von ausgesuchten Mythen der Antike oder von Geschichten aus dem Alten Testament. Im Gobelinsaal hängen noch heute die flämischen Gobelins. Vom Eingang gelangt man in eine kleine Privatkapelle. An den Wänden sind Bilder der vier Evangelisten von Lucas von Leyden und eine Reihe von Ölgemälden des Genueser Malers Magnasco zu sehen. Die vergoldeten Balken zieren Rebenblätter als heraldisches Emblem. In den vier Ecken der Friese des nächsten Saales erkennen wir das Wappen der Familie Malatesta.

Zwischen den reichdekorierten Repräsentationsräumen aus dem 16. Jahrhundert liegt die kleine Familienkapelle des Palastes.

Römische Paläste vom Barock bis zum Neoklassizismus

Palazzo Doria Pamphili

Palazzo Ruspoli Rucellai

Dieses großartige, streng wirkende Gebäude liegt an der Via del Corso, die schon seit dem 17. Jahrhundert wieder zum Herzen der Stadt geworden war und deren Bedeutung damals der des Marsfeldes in der Antike entsprach - also jener Stelle, an der Augustus sein Mausoleum zu errichten beschloß. Zahlreiche römische Familien erbauten ihre Paläste zwischen den Ruinen der Ara Pacis und dem Arco di Portogallo (Portugals-Bogen). In der Nacht zum Aschermittwoch feierte man in dieser wunderschönen Gegend Karneval und schmückte die Balkone und Fassaden der Paläste.

Ein erstes Bauwerk errichtete an dieser Stelle die Familie Jacobilli, die von Foligno nach Rom gezogen war, um dort das Amt der kapitolinischen Konservatoren zu übernehmen. Es ist jedoch wenig von diesem alten Gebäude erhalten, weil es 1583 auf Initiative von Orazio Rucellai durch Bartolomeo Ammannati, „seinen besten Freund", vollkommen saniert wurde, was auch in den Chroniken von Baglioni erwähnt wird. Orazio war ein gebildeter florentinischer Edelmann, ein Liebhaber der Literatur,

Links: Die strenge Stirnseite des für die Familie Jacobilli erbauten Palastes wurde von dem römischen Architekten Bartolomeo Ammannati für Orazio Rucellai - in dessen Besitz sich der Palast seit 1583 befand - vollendet. Damals wurden die neunzehn Fenster, die auf die Via del Corso blicken, eingebaut.

Rechte Seite: Die Prunktreppe, ein Werk von Martino Longhi d. J., wurde im Auftrag der Caetani errichtet. Die ebenfalls von Martino Longhi d. J. entworfene Loggia im Piano nobile hatte ursprünglich keine Fenster; in ihren Wandnischen sind Skulpturen aus der Antike aufgestellt.

FRANCISCVS MARIA
PRINCEPS RVSPOLVS

Links: Auf dem wertvollen, vergoldeten Wandtisch aus dem 18. Jahrhundert stehen zwei chinesische Vasen aus K'ang-Hsi-Porzellan. Darüber hängt ein Tafelbild aus dem 14. Jahrhundert mit goldenem Untergrund.

Rechte Seite: Ein im 18. Jahrhundert angefertigtes Inventar der Gemäldesammlung der Ruspoli ermöglichte es dem Anwalt Memmo, eine bedeutende Gemäldegruppe teilweise zu rekonstruieren, die ursprünglich im Besitz der Familie war. Sicherlich gehörten zu jener Sammlung der *hl. Hieronymus* in der Mitte des Salons, der dem Maler Spagnoletto zugeschrieben wird, sowie das Gemälde rechts, eine Kopie der *Himmelfahrt Mariens* von Poussin.

vor allem der Verse von Torquato Tasso. Ein unbekannter Chronist jener Epoche beschreibt ihn als einen „jungen Mann, den größte Besonnenheit, einmalige Tugend, Intelligenz und eine anmutige Erscheinung auszeichneten". Ob jedoch dieses Bauwerk zu Recht dem berühmten toskanischen Architekten zugeschrieben werden kann, wie es die damaligen Reiseführer taten, hat einen Streit unter den Gelehrten hervorgerufen. Orazio Rucellai, der über ein beträchtliches Vermögen verfügte, trug zur Verschönerung des römischen Wohnsitzes bei, obwohl er einer arbeitsintensiven diplomatischen Tätigkeit am französischen Hof nachging, die ihn zu langen Auslandsaufenthalten zwang. Er stellte in seinem Hause eine bedeutende Sammlung antiker Skulpturen auf und sorgte für die Ausschmückung der großen Galerie im Piano nobile. Ihre Ausführung vertraute er einem temperamentvollen toskanischen Maler an, der damals im Kreise der eklektischen Freunde der Antike sehr beliebt war. Im Jahre 1586 bemalte Jacopo Zucchi die Wände mit allegorischen Darstellungen, die der komplexen Ikonologie des Spätmanierismus nachempfunden waren; ihre Themen waren die Genealogie der Götter und die Triumphe der römischen Könige, denn es hatte sich inzwischen der Brauch eingebürgert, ein gelehrtes literarisches Thema an den Palastwänden darzustellen. Zucchi war ein hochgebildeter Künstler, dem Orazios Leitspruch *ut pictura poesis* wohlbekannt war, wonach die Malerei Verse mit den ihr eigenen Ausdrucksmitteln nachempfinden sollte. Die erlesene Atmosphäre exquisiter Gelehrsamkeit kennzeichnet nun die Galerie. Der Maler hatte seinen Stil während

der Arbeit am Studierzimmer von Ferdinando de' Medici im Palazzo Vecchio von Florenz entwickelt, wo Tiere und pflanzliche Essenzen, Kristalle und menschliche Kunstfertigkeit zu alchimistischen Verweisen von hintergründiger Bedeutung verschmolzen wurden. An den Wänden des Palazzo Rucellai schilderte Jacopo Zucchi in seiner kosmologischen und enzyklopädischen Darstellungsweise die Ideenwelt des ausgehenden 16. Jahrhunderts. Nach dem Tode von Orazio im Jahre 1605 ging der herrliche Palast in den Besitz seiner Söhne Luigi und Ferdinando über. Da beide keine Erben hatten, wurde der Prachtbau 1629 an Luigi Caetani für 51 000 Gulden veräußert. Unter der Leitung von Bartolomeo Breccioli, dem Architekten der Familie, wurden Umbauarbeiten eingeleitet, die zu einer Vergrößerung des Wohnsitzes führten. Breccioli war ein Schüler von Fontana und verfügte über profunde Kenntnisse in Mathematik und Hydraulik. Er führte einige Korrekturen der Gesimse sowie der Mezzanine durch, als er die Fassade zur Via Fontanella Borghese hin neu gestaltete. Der Kardinal ließ von Martino Longhi d. J.

Oben: Orazio Rucellai erteilte Jacopo Zucchi den Auftrag, die Galerie auszumalen, nachdem ein Reiterstandbild in dem großen Saal aufgestellt worden war, und zwar mit einem großartigen mythologischen Epos über die Genealogie der Götter. So entstand beim Versuch, die Antike wiederaufleben zu lassen, einer der bedeutendsten Bilderzyklen der zweiten Hälfte des 16. Jahrhunderts in Rom. An der Fensterwand bildete der toskanische Maler die Häupter der römischen Kaiser und darüber ihre jeweiligen Laster und Tugenden ab.

einen Treppenaufgang bauen, der „bequem, weitläufig und lichtdurchflutet“ und gänzlich mit parischem Marmor ausgekleidet war. In den Nischen standen Statuen. Der Treppenaufgang wurde gerühmt als „eine der schönsten Treppen Roms, mit allen Attributen, die man bei einem so herrlichen Palast erwarten kann“. Trotz der weitgehenden Renovierung der Suiten in den späten dreißiger und frühen vierziger Jahren und der damit verbundenen Verschönerung des Palastes wohnte die Familie Caetani nur selten in der Via del Corso. Sie hielt sich lieber auf ihren Gütern bei Sermoneta auf. Riesige Schulden und schwindende politische Bedeutung trugen sicherlich dazu bei, daß der Palast 1713 von der Familie Caetani in den Besitz der Ruspoli überging. Letztere hatten ihre Kapelle in der benachbarten Kirche S. Lorenzo in Lucina. Während der langen Zeit, in der die Familie Ruspoli den Palast bewohnte, begann für das Gebäude eine glanzvolle Ära, in der unvergeßliche Feste gefeiert wurden. Urheber der bemerkenswerten kulturellen Bewegung sowie der berühmten literarischen Ereignisse, die in der zweiten Hälfte des 18. Jahrhunderts stattfanden, war Francesco Maria Marescotti Ruspoli, ein gewandter Verskünstler, der den Sälen eine muntere und extrovertierte, im Einklang mit dem neuen Lebensgefühl stehende Atmosphäre verlieh. Im Saal der Akademien fanden Aufführungen statt, die denen ähnelten, die Kardinal Otto-

Unten: In der Mitte des großen allegorischen Deckengemäldes stellt Zucchi Apoll in seinem von vier Flügelrossen gezogenen Sonnenwagen dar, umgeben von den Horen und Aurora. Links davon deutet die Erscheinung des Mars auf Kriege und Zwietracht hin, und rechts erinnert die Sage der Venus, die aus Meeresschaum geboren wurde, in symbolreicher Sprache an die verschiedenen Eigenschaften der Göttin.

Rechte Seite: Eine weitere Darstellung des von Jacopo Zucchi bemalten Gewölbes zeigt den allegorischen Wagen der Mondgöttin mit ihren beiden weiteren Erscheinungsformen – als Diana auf der Erde und als Hekate in der Unterwelt. Diana hält den Schlüssel für die Geburten und für die Gebärenden in der Hand; an ihrer linken Seite ist ein Hirsch, an der rechten die Allegorie des Taus abgebildet.

boni im Palazzo della Cancelleria veranstaltete. Vor allem aber die Musik erreichte unter der Protektion des Fürsten eine überragende Qualität. Für eine Reihe von Feierlichkeiten ließ er eine provisorische, prachtvoll dekorierte Loggia errichten, in der die Musiker Platz nehmen konnten. In den Sälen des Piano nobile trafen sich Georg Friedrich Händel, Arcangelo Corelli und Alessandro Scarlatti. Da die Sittenstrenge aus der Mode gekommen war, wurden die Säle im Erdgeschoß mit einem ungewöhnlich reichhaltigen Bilderzyklus ausgeschmückt, der leider im 19. Jahrhundert übermalt worden ist. Auf Ansichten der Landgüter folgten ausgelassene Szenen von Antonio Amorosi, die an die Volksfeste im Oktober erinnerten, bei denen die Villen den Bauern offenstanden. Jagd- und Soldatenszenen, Seenlandschaften und ländliche Schauplätze belebten die Wände und beschäftigten eine Truppe von über dreißig Malern, darunter Alessio de Marchesi, Johan Paul Schor, Onofrio Loth, Michelangelo Cerruti und Andrea Locatelli. Im Laufe des 18. Jahrhunderts wurde nach einer Mode, die sich in ganz Europa verbreiten sollte, das Erdgeschoß für das Caffé Nuovo umgestaltet, was zur Zerstörung der Wandmalereien führte. Viele hochrangige Gäste, angefangen beim Herzog von Nevers bis zum Kardinal Borgia, hatten in den Sälen des Palazzo Ruspoli gewohnt und versucht, die rätselhafte Harmonie der bemalten Galeriegewölbe einzufangen. 1830 wohnte die Ex-Königin von Holland, Hortense de Beauharnais, zusammen mit ihrem Sohn, dem späteren Napoleon III., im Palast.

In dem mit eleganten Möbelstücken aus dem 18. Jahrhundert ausgestatteten Salon befindet sich die *Marina* (ein Seestück), die dem Werk Salvator Rosas zugeschrieben wird und 1708 als Bestandteil der Ruspoli-Sammlung erwähnt wird.

Palazzo del Quirinale

Papst Gregor XIII. Boncompagni (1572-1585) war auf der Suche nach einem kühlen Refugium für den Sommer und ließ sich von seinem Freund Ippolito d'Este, Kardinal von Ferrara, die *Vigna*, die dieser auf der Anhöhe des Quirinals besaß, schenken. Der Kardinal hatte kein Interesse mehr daran, denn er richtete seine Aufmerksamkeit nach Süden, in Richtung Tivoli.
Die ungesunde Luft hatte die Päpste veranlaßt dem Vatikan zu entfliehen. Tatsächlich galt die Gegend im Sommer aufgrund ihrer Flußnähe und der stehenden Gewässer als gefährlich; der Vatikan wurde als „flach, feucht und ungesund" bezeichnet. Nach der Rückkehr der Päpste aus Avignon - der Lateranpalast war in der Zwischenzeit ziemlich verfallen - dienten der Palazzo di San Marco und die Ara Coeli den Päpsten bis zur Errichtung einer neuen Residenz auf dem Monte Cavallo (Pferdeberg) als Zuflucht. Von da an verbinden vier Jahrhunderte Geschichte diese Mauern mit dem Schicksal der Stadt: Langsam verwandelte sich die Renaissancevilla in eine Sommerresidenz der Päpste; nach 1870 wurde der Prachtbau zunächst Sitz des Königreiches

Der Quirinalspalast entstand auf dem Monte Cavallo. Sein Name wird von der zweifachen Statuengruppe, die dort gefunden wurde und die sich jetzt in der Mitte des Platzes befindet, abgeleitet. Der „Lange Ärmel", das Gebäude, das unter Alexander VII. vergrößert wurde, ist von Ferdinand Fuga unter Clemens XII. fertiggestellt worden.

Papst Gregor XIII., der den Kern der Villa am Quirinal erbauen ließ, beauftragte Mascherino mit der Errichtung dieser herrlichen, ovalen Wendeltreppe mit Doppelsäulen auf der Balustrade, die das erste mit dem zweiten Geschoß verbindet.

Italien und später Amtssitz des Präsidenten der italienischen Republik.
Die Sommerresidenz wurde von den Päpsten ausgebaut und verschönert; wegen seiner langen Baugeschichte wurde sie zu einem der vielschichtigsten Paläste Roms. Die berühmtesten Künstler aller Epochen arbeiteten an dem Palast und dokumentierten so jeweils den Stil ihrer Zeit. Der Baubeginn wurde von dem arbeitsfreudigen Papst Gregor XIII. Boncompagni eingeleitet, der den ersten Palast von Ottaviano Mascherino erbauen ließ. Den Chronisten zufolge mußte Mascherino „Hals über Kopf" arbeiten, so daß innerhalb von nur zwei Jahren der Papst zeitweise im Palast weilen konnte. Das von Mascherino zwischen 1583 und 1585 konzipierte Bauwerk bildet heute den linken Teil des Palastes mit der loggiaartigen Fassade, die die Vorderfront einer der kürzeren Seiten des großen Innenhofs darstellt. Mascherino ersann ferner die wunderschöne ovale Wendeltreppe mit den Doppelsäulen, die das erste Geschoß mit dem zweiten verbindet. Papst Gregor XIII. erlebte gerade noch den Beginn der Arbeiten, starb aber bald danach. Er wurde abgelöst von einer der außergewöhnlichsten Persönlichkeiten der Kirchengeschichte: Papst Sixtus V. (1585-1590); auch dieser Papst hatte eine Vorliebe für das Bauwesen, so daß er unverzüglich das Projekt am Quirinal wiederaufnahm und fortsetzte. Er fügte das Projekt ein in ein

Aldobrandini (1592-1605) zum Papst gewählt wurde. Der neue Papst wandte seine Aufmerksamkeit vor allem dem Garten zu, in dem er einige Brunnen, ein Nymphäum und ein ovales Becken erbauen ließ.
1605 bestieg ein von der Architektur geradezu „Besessener“ - Papst Paul V. Borghese (1605-1621) - den Stuhl Petri. Ihm lag die Sommerresidenz auf dem Quirinal so sehr am Herzen, daß er ihr erstmals einen offiziellen Charakter verlieh. Kaum hatte er die Tiara empfangen, entschied der Borghese-Papst, den imposanten Bau zu vollenden, und beauftragte Flaminio Ponzio mit der Verbindung der Wohntrakte Mascherinos und Fontanas durch einen Neubau - die Dataria - und zu guter Letzt mit der Ausschmückung einer neuen Reihe von Sälen. Carlo Maderno, der nun als Bauleiter eingesetzt wurde, realisierte verschiedene Projekte, u. a. den Bau zweier imposanter Seitentrakte und die Verlängerung des Gebäudes bis zur Straße, die zur Porta Pia führte. Er ergänzte den prächtigen rechteckigen Innenhof und erbaute für die private Andacht seines Mäzens die Verkündigungskapelle, die Guido Reni mit Fresken wie die *Geburt Jesu* und die *Nähende Madonna* ausmalte. Ferner baute Maderno ein prunkvolles Verbindungsportal zwischen Kapelle und Königssaal, über dem zwei Engel von Bernini und ein Hochrelief von Taddeo Landini angebracht sind. Landini ist ferner der Schöpfer des Schildkrötenbrunnens, der Christus bei der Fußwaschung inmitten seiner Apostel darstellt. Die herrlichen Stuckdekorationen des Gewölbes wurden von Forabosco fein ziseliert. Der Königssaal von Agostino Tassi - er wurde zu Beginn des zweiten Jahrzehntes ausgestaltet - ist ein Beispiel für die vom römischen Patriziat immer mehr geschätzte Kunstrichtung des perspektivischen Illusionismus. Auf diesem Gebiet brachte es Agostino zu wahrer Meisterschaft; seine Werke nahmen bereits die Entstehung der Landschaftsmalerei als eigenständige Kunstgattung vorweg. Wie Giovanni Baglioni damals beschrieb, war der Saal des Konsistoriums der größte Saal des Palastes und hatte eine Gewölbedecke. Dieser bei den Zeitgenossen überaus beliebte Saal

Oben: Der Königssaal, heute Kürassiersaal genannt, wurde nach einem Entwurf von Maderno gebaut. An der Ausschmückung dieses großen Saales haben zahlreiche Maler wie zum Beispiel Agostino Tassi, Giovanni Lanfranco, Carlo Saraceni, Giovanni Antonio Galli (der „Spadarino“ genannt wurde) und Alessandro Turchi mitgewirkt. Das Gewölbe ist mit den kostbaren Schnitzereien von Giovanni Battista Soria bedeckt, während an der kürzeren Wand die *Fußwaschung*, ein Flachrelief von Taddeo Landini aus dem Jahre 1578, angebracht wurde. Dieses ursprünglich für die Peterskirche angefertigte Relief wurde von Paul V. in den Quirinalspalast gebracht.

Rechte Seite: Im Jahre 1616 beauftragte Paul V. Agostino Tassi mit der Dekoration des hohen Frieses und der perspektivischen Loggien, aus denen fremdländische Gesandte herabblicken.

größeres Vorhaben, nämlich durch den Bau von neuen Straßen die Basiliken miteinander zu verbinden und die Ausweitung der städtischen Entwicklung vom Tiberknie auf die darüber aufragenden Hügel in die Wege zu leiten. Der bedeutendste Architekt des unermüdlichen Sixtus, der in den lediglich fünf Jahren seines Pontifikats das städtische Erscheinungsbild revolutionierte, war Domenico Fontana. Ihm haben wir die Gestaltung des Quirinalsplatzes mit der Statuengruppe der zwei Dioskuren zu verdanken, die in der Antike die Constantinsthermen verschönerte. Erst Mitte des 18. Jahrhunderts kam der Obelisk dazu. Fontana begann mit dem Bau des neuen, auf den Platz blickenden Palastes auf dem Monte Cavallo und versorgte das gesamte Stadtviertel mit dem Wasser aus dem Aquädukt von Septimus Severus, das „Aqua Felice“ genannt wurde. Zu diesem Zeitpunkt wurden das Casino von Mascherino und das neue Gebäude mit einem länglichen und niedrigen Bau verbunden, der zur Unterbringung der Schweizergarde diente und später, während des Pontifikats von Paul V., weitere Veränderungen erfuhr. Nach dem Tode von Sixtus, der am 27. August 1590 als erster Papst in diesem Palast verstarb, folgte eine Reihe von unbedeutenden Päpsten, die - abgesehen davon, daß sie die Arbeiten zu Ende führten - wenig zur Verschönerung der Stadt und des Quirinals beitrugen, bis Clemens VIII.

Die als Privatkapelle für Paul V. errichtete Verkündigungskapelle wurde schon 1609 von Guido Reni gemeinsam mit Lanfranco, Antonio Carracci und Albani ausgeschmückt. Der Weltenschöpfer im goldenen Glorienschein, umringt von musizierenden Engeln, ist ein Werk von Giovanni Lanfranco aus Parma.

Das Fresko mit dem verherrlichten Christus wurde von Melozzo da Forlì für die Apsis der Zwölf-Apostel-Kirche (Santi XII Apostoli) ausgeführt. Aufgrund der ungünstigen Lage der Kirche ließ Clemens XI. das Gemälde in den Quirinal bringen und im ersten Geschoß der Prunktreppe an die zum Hof blickende Wand hängen.

Aldobrandini (1592-1605) zum Papst gewählt wurde. Der neue Papst wandte seine Aufmerksamkeit vor allem dem Garten zu, in dem er einige Brunnen, ein Nymphäum und ein ovales Becken erbauen ließ.
1605 bestieg ein von der Architektur geradezu „Besessener" – Papst Paul V. Borghese (1605-1621) – den Stuhl Petri. Ihm lag die Sommerresidenz auf dem Quirinal so sehr am Herzen, daß er ihr erstmals einen offiziellen Charakter verlieh. Kaum hatte er die Tiara empfangen, entschied der Borghese-Papst, den imposanten Bau zu vollenden, und beauftragte Flaminio Ponzio mit der Verbindung der Wohntrakte Mascherinos und Fontanas durch einen Neubau – die Dataria – und zu guter Letzt mit der Ausschmückung einer neuen Reihe von Sälen. Carlo Maderno, der nun als Bauleiter eingesetzt wurde, realisierte verschiedene Projekte, u. a. den Bau zweier imposanter Seitentrakte und die Verlängerung des Gebäudes bis zur Straße, die zur Porta Pia führte. Er ergänzte den prächtigen rechteckigen Innenhof und erbaute für die private Andacht seines Mäzens die Verkündigungskapelle, die Guido Reni mit Fresken wie die *Geburt Jesu* und die *Nähende Madonna* ausmalte. Ferner baute Maderno ein prunkvolles Verbindungsportal zwischen Kapelle und Königssaal, über dem zwei Engel von Bernini und ein Hochrelief von Taddeo Landini angebracht sind. Landini ist ferner der Schöpfer des Schildkrötenbrunnens, der Christus bei der Fußwaschung inmitten seiner Apostel darstellt. Die herrlichen Stuckdekorationen des Gewölbes wurden von Forabosco fein ziseliert. Der Königssaal von Agostino Tassi – er wurde zu Beginn des zweiten Jahrzehntes ausgestaltet – ist ein Beispiel für die vom römischen Patriziat immer mehr geschätzte Kunstrichtung des perspektivischen Illusionismus. Auf diesem Gebiet brachte es Agostino zu wahrer Meisterschaft; seine Werke nahmen bereits die Entstehung der Landschaftsmalerei als eigenständige Kunstgattung vorweg. Wie Giovanni Baglioni damals beschrieb, war der Saal des Konsistoriums der größte Saal des Palastes und hatte eine Gewölbedecke. Dieser bei den Zeitgenossen überaus beliebte Saal

Oben: Der Königssaal, heute Kürassiersaal genannt, wurde nach einem Entwurf von Maderno gebaut. An der Ausschmückung dieses großen Saales haben zahlreiche Maler wie zum Beispiel Agostino Tassi, Giovanni Lanfranco, Carlo Saraceni, Giovanni Antonio Galli (der „Spadarino" genannt wurde) und Alessandro Turchi mitgewirkt. Das Gewölbe ist mit den kostbaren Schnitzereien von Giovanni Battista Soria bedeckt, während an der kürzeren Wand die *Fußwaschung*, ein Flachrelief von Taddeo Landini aus dem Jahre 1578, angebracht wurde. Dieses ursprünglich für die Peterskirche angefertigte Relief wurde von Paul V. in den Quirinalspalast gebracht.

Rechte Seite: Im Jahre 1616 beauftragte Paul V. Agostino Tassi mit der Dekoration des hohen Frieses und der perspektivischen Loggien, aus denen fremdländische Gesandte herabblicken.

wurde von Orazio Gentileschi in Zusammenarbeit mit Carlo Saraceni und Giovanni Lanfranco ausgemalt. Sie fügten in die Scheinarchitektur (Quadraturen) von Tassi heitere und farbenfrohe, in einem reizvollen perspektivischen Spiel von den Loggien herabblickende orientalische Würdenträger ein. Während Papst Paul V. den Quirinal zu einem zweiten Vatikan gemacht hatte, sorgte Urban VIII. Barberini (1623-1644), ein eher pragmatischer, die Gefahren der Welt nüchtern einschätzender Mann, dafür, daß der Prachtbau in eine Festung umgewandelt wurde. Er befestigte den Palast, um ihn uneinnehmbar zu machen, errichtete Bollwerke und umgab den Garten von allen Seiten mit hohen Mauern. Dieser Papst - er hatte eine Vorliebe für militärische Lektüre - entpuppte sich als sehr irdisch denkendes Oberhaupt der Kirche, das sich vor allem um die Sicherheit des Palastes kümmerte. So wurden nun auch noch die letzten Reste der herrlichen Constantins-Thermen zerstört, die bis dahin im Garten der Colonna zu sehen waren. Gian Lorenzo Bernini, offizieller Architekt der Familie Barberini, zeichnete für seinen Mäzen über dem Portal die Segnungsloggia, von der herab Papst Urban den Segen zu erteilen pflegte. Papst Innozenz X. Doria Pamphili (1644-1655) zog sich trotz seiner geschwächten Gesundheit auch im Winter auf den Quirinal zurück, nahm aber selbst keine grundlegenden Änderungen am Palast vor.

Mit großem Eifer nahm sein Nachfolger, Papst Alexander VII. Chigi (1655-1657), die Arbeiten wieder auf. Während seines Pontifikats blühten die Künste auf. Als gebildeter und ehrenhafter Mann leitete er eine noch nie dagewesene Renovierungswelle im Bauwesen ein. Die wichtigste Person am Quirinal wurde der Cavaliere Bernini. Er entwarf eine Reihe von Sälen, sanierte das Gebäude, in dem die Schweizergarde untergebracht war, und stockte es um ein Geschoß auf. Die Zweckbestimmung der Innenräume - so erinnert sich Titi - änderte sich entsprechend den neuen Anforderungen des Hofes. Ab 1657 arbeiteten ausgezeichnete Künstler in den verschiedensten Stilrichtungen Seite an Seite, was zu einem interessanten Vergleich führt. Diese Künstlergruppe wurde von Pietro da Cortona geleitet, der es besser als jeder andere verstand, den neuen Geist des Barock, der sich gerade seinem Höhepunkt näherte, zum Ausdruck zu bringen. In dieser Bilderfolge aus dem „Goldenen Zeitalter" des Barock, wurden Szenen aus dem Alten Testament geschildert. Die Schüler von Cortina - Lazzaro Baldi, Ciro Ferri, aber auch Pier Fran-

Der Herkulessaal wurde häufig umgestaltet, je nachdem, was ihm für eine Bedeutung zukam, was immer auch eine Änderung der Ausgestaltung mit sich brachte. Ursprünglich gehörte er zu den päpstlichen Privatgemächern, später jedoch zählte er zu den Räumlichkeiten, die von Raffaele Stern für Kaiser Napoleon restauriert wurden. Die letzte, heute noch sichtbare Änderung geht auf das Jahr 1940 zurück; damals wurden wertvolle Gobelins als Wandschmuck aufgehängt.

cesco Mola, Gian Francesco Grimaldi (ein Anhänger des Stils von Carraccio), Guglielmo Cortese, Salvator Rosa und der Landschaftsmaler Gaspard Dughet - wurden mit den Arbeiten betraut. Aufgrund ihrer Größe und den vielen verschiedenen Künstlern wurde die Galerie von Alexander VII. zu einem Prüfstand für die Kunstschaffenden, deren Zusammenarbeit von dem toskanischen Meister einfühlsam dirigiert wurde. Als Cortona verstarb, wurde Carlo Maratta der führende Maler Roms und gleichzeitig zum Fürsprecher der klassizistischen Tendenzen, die in dem Fresko *Die Geburt Jesu* ihren Höhepunkt erreichten. Die Nachfolger von Papst Chigi machten den Palast auf dem Monte Cavallo zu ihrem ständigen Wohnsitz und vollendeten seine Ausgestaltung. Behagliche Wohnungen für den Papst und sein Gefolge wurden entlang der Via Pia fertiggestellt, und die Erdgeschosse dienten als Unterkunft für die Schweizergarde. Im 18. Jahrhundert erhielt der Quirinalsplatz sein heutiges Erscheinungsbild: Der Obelisk wurde aufgestellt, und gleichzeitig beauftragte Papst Innozenz XIII. (1721-1724) Alessandro Specchi mit dem Entwurf der Marställe. Diese und die Wohnungen der Kutscher wurden neben dem Garten der Colonna erbaut, bei dem berühmten Nero-Turm, „dessen Fundament durch die vielen Stechbeitel und Hämmer zerstört wurde“. Papst Clemens XII. (1730-1740) lebte bis zu seinem Tode im Quirinalspalast, wo er gleich nach seiner Krönung zum Papst mit einem Gefolge von zwei Kardinälen „zum Wohl der Kurie und des Volkes“ Einzug hielt. Dieser Papst beauftragte Ferdinando Fuga mit dem Bau des „langen Ärmels“ des Palazzo della Consulta gegenüber dem Quirinalspalast, und in einer Ecke des Gartens entstand die berühmte Palazzina. Dieses einmalige Juwel sollte den Zahlmeister beherbergen und war eigens zu diesem Zwecke entworfen worden. Papst Benedikt XIV. bat Fuga, ein *Kaffeehaus* zu entwerfen, wie es jenseits der Alpen gerade große Mode war, „um die Wohltat gesunder Luft mit den Privataudienzen zu verbinden“. In einem Jahrhundert, in dem gelehrte Unterhaltungen und weltliche Lustbarkeiten die Oberhand gewannen, erlebte die Architektur der Gartenpavillons ihre Glanzzeit. Die *Palazzina del Ritiro*, wie sie genannt wurde, war das letzte Werk des Architekten und wurde mit Landschaftsbildern von Frans Van Bloemen - „der Horizont“ genannt - und Pompeo Batoni ausgeschmückt. Wie Charles de Brosses in seinen wertvollen *Lettres d'Italie* schrieb, war der Vatikan im 18. Jahrhundert wüst und leer. Viel behaglicher und reizvoller mußte Benedikt XIV. die Residenz am Quirinal erscheinen; gewöhnlich zog der Papst nur in der Nacht des Fronleichnamsfestes, des Gründonnerstags und Karsamstags sowie am Vorabend des Petersfestes in die Basilika. Im Jahre 1812

Botschaftersaal wird dieser Raum deshalb genannt, weil hier das diplomatische Korps dem jeweiligen ausländischen Staatsoberhaupt, das zu Gast im Quirinalspalast weilt, vorgestellt wird. In die Mitte des Bodens eingesetzt wurde ein aus der Hadriansvilla stammendes römisches Mosaik.

gab ein geplanter Besuch des französischen Kaisers Napoleon, der jedoch dann gar nicht stattfand, den Anstoß zu neuerlichen Renovierungsarbeiten im Palast. Wohnräume für den Kaiser wurden vorbereitet, und eine Gruppe neoklassizistischer Künstler – unter anderen so hervorragende Maler wie Thorvaldsen und Felice Giani, G. Pacetti und Jean-Auguste-Dominique Ingres – wurde herbeigeholt. Die Säle, die Giani mit einem Feuerwerk von Ideen ausgeschmückt hat, sind bis heute unverändert geblieben.
Mit dem Untergang des kirchlichen Prunks begann im Jahre 1870 ein neues Kapitel in der Geschichte des Quirinalspalasts. Ballsäle, die in dem umstrittenen Stil des 19. Jahrhunderts eingerichtet wurden, ersetzten die alte Ausstattung. Seit 1948 ist der Palast Amtssitz des italienischen Staatspräsidenten.
400 Jahre sind vergangen, seit Papst Gregor XIII. seinen ländlichen Sommersitz entwerfen ließ. Der komplexe Bau des Quirinalspalasts war in diesen vier Jahrhunderten Schauplatz hochinteressanter Ereignisse. Der stark gegliederte Grundriß der Residenz bleibt ein beredtes Zeugnis für diesen langen Weg.

Der Thronsaal – auch Spiegelsaal genannt – war ein Teil der aus zehn Sälen bestehenden Repräsentationssuite. Diese Säle wurden von 1811 bis 1814 mit wertvollen Stuck-, Marmordekorationen und Ornamenten geschmückt. In der Zeit, als das savoyardische Königshaus im Quirinalspalast residierte, wurden sie komplett umgestaltet, wobei die Gewölbe und die Wände nach dem damaligen Geschmack ausgemalt wurden. Die heutige Ausstattung ist das Werk von Ignazio Perricci. An der Decke ist eine Allegorie des Tanzes zu sehen.

Palazzo Pallavicini Rospigliosi

Von Kaiser Konstantin erbaut, erhoben sich die größten Thermen der Römerzeit dort, wo heute der Palazzo Pallavicini auf dem Quirinal steht, in der Nähe des Serapis-Tempels. Fürst Scipione Borghese ließ die Überreste der grandiosen kaiserlichen Ruinen, in denen Serlio und Palladio sinnend verweilten, niederreißen, um sich dort einen Wohnsitz zu bauen. Er wollte nämlich den Sommer in der Nähe seines Onkels Papst Paul V. verbringen, der in der warmen Jahreszeit seine Gemächer im Vatikan verließ und in den Quirinalspalast zog.
Von den zwei Dioskurengruppen in der Mitte des Quirinalsplatzes, die damals für ein Werk von Phidias und Praxiteles gehalten wurden, rührt der Name „Monte Cavallo“ her, einer Gegend, die schon schon seit dem Mittelalter nostalgische Humanisten magnetisch anzog.
Die Bauarbeiten begannen im Jahre 1611 unter der Leitung von Flaminio Ponzio, der gleichzeitig an der Villa Borghese auf dem Pincio arbeitete. In diesem Jahr entwarf Ponzio mehrere Pläne, während Jan van Santen - Vasanzio genannt - mit der Planung des weitläufigen Gartens beauftragt wurde, der sich damals

Die einzigartige Kunstsammlung des Palastes ist einer der besterhaltenen Beweise für die römische Sammelleidenschaft. Die bedeutenden Gemälde sind nicht verlorengegangen, wie dies bei den meisten Sammlungen aus dem 17. Jahrhundert der Fall ist.

bis zur Basilika Santa Maria Maggiore erstreckte. Nach dem Tode von Ponzio, 1613, wurde Carlo Maderno mit der Bauleitung betraut. Er vollendete die Arbeiten im Stil der Renaissance mit einem zentralen, rechteckigen Korpus und zwei Seitenflügeln. Die Fresken des Palastes wurden für den Fürsten Scipione in den Jahren 1611/1612 von den beliebtesten Malern der ersten Hälfte des Jahrhunderts gemalt. Guido Reni und Paul Brill schufen die Putten in der Loggia im ersten Stock. In diesem von Gärten und Weinbergen um-

Die Sammlung der Familien Pallavicini und Rospigliosi wurde unter Treuhänderschaft gestellt, als die Familien sich durch Heirat miteinander verbanden. Anfang des 20. Jahrhunderts wurde der Anteil der Familie Rospigliosi aufgrund großer finanzieller Schwierigkeiten an den Verband der Agrargenossenschaften veräußert.

gebenen Landsitz wurden städtische Elemente mit Loggien und Laubengängen verschmolzen wie in der idealen Architektur und wie in den Gemälden von Viviano Codazzi. Auf den drei Ebenen des Parks entstanden drei Landhäuser. Das zuletzt erbaute enthielt das heute im Palazzo Braschi zu bewundernde Fresko von Cigoli; es wurde beim Bau der Via Nazionale abgerissen. Aufgrund ihres wechselvollen Schicksals mußten die Fürsten Borghese 1612 den Palast der Familie Altemps überlassen, die ihn wiederum 1619 an die Familie Bentivoglio veräußerte. Der aus Bologna verbannte Kardinal Guido Bentivoglio, der sich am Hof der Familie d'Este aufhielt, war nach Rom gezogen, um verschiedene hohe Ämter am päpstlichen Hof zu bekleiden. Er war es, der als Großinquisitor das Urteil in dem Prozeß gegen Galilei unterzeichnete. Der Kardinal und sein Bruder Enzo Bentivoglio hatten eine wahre Leidenschaft für die schönen Künste. Als ehrgeizige Sammler bestimmten sie den Geschmack der Zeit, indem sie auf die Entscheidungen ihrer reichen, oft aber wenig gebildeten Mäzene - der Päpste des 17. Jahrhunderts - Einfluß nahmen. Von dem „modernen" Stil fasziniert, verkehrten sie mit den bedeutendsten Künstlern. Guido ließ sich 1623 von dem berühmten Van Dyck porträtieren. Der Kardinal zeichnete sich durch sein einfaches Leben und seinen spirituellen Aszetizismus aus. Enzo stellte

Vorhergehende Doppelseite
Der den Porträts gewidmete Saal erinnert an die eindrucksvollen Palastbesitzer. Ursprünglich wurde der Bau des Palastes von Fürst Scipione Borghese in Auftrag gegeben, danach wurde der Prachtbau an die Familie Altemps, die Familie Bentivoglio und den Kardinal Mazzarino verkauft, um schließlich in den Besitz der Fürsten Pallavicini Rospigliosi zu gelangen.

Einige der im 18. Jahrhundert prunkvoll ausgeschmückten Säle.

in seinem Palast eine beträchtliche Gemäldesammlung zusammen und wurde der erste Anhänger von Claude Lorrain, einem jungen französischen Landschaftsmaler. Von den mächtigen Bentivoglios protegiert, begann für Lorrain eine glückliche Zeit. Er wurde in den Kreis um Papst Urban VIII. Barberini eingeführt und malte für ihn zwei lichtdurchflutete imaginäre Veduten. Mit sicherem Geschmack beriet Enzo Papst Paul V. Borghese bei seiner leidenschaftlichen Suche nach Meisterwerken. Außerdem beeinflußte er Taddeo Barberini und Papst Gregor XV. Ludovisi bei ihren Anschaffungen. Der Maler Andrea Cammassei, ein Schüler Domenichinos aus Umbrien, wohnte im Palast und schmückte einen Saal mit Szenen aus dem Mythos von Amor und Psyche. Ein Brief des Kardinals an den florentinischen Maler Giovanni da San Giovanni drückt deutlich den überschwenglichen Geist des Auftraggebers aus: „Giovanni, ich möchte, daß Du hier in diesen unvollkommenen Gewölben Meeresbilder, Seeungeheuer und Sirenen in Wasserschlachten darstellst.“ Der toskanische Maler dekorierte 1622–1624 die Gewölbe der drei Säle im *Piano nobile* mit dem *Brand von Troja*, dem *Tod der Kleopatra* und der *Allegorie der Nacht*, die er gemeinsam mit dem Priester Francesco Furini vollendete. Die Loggien des Erdgeschosses wurden mit Landschaftsfresken von Filippo Napoletano und Stilleben von Gobbo dei Carracci ausgeschmückt.

Wenige Jahre vor dem Tod des Kardinals Guido wurde der Palast aufgrund einer finanziellen Notlage erneut verkauft, diesmal an die Familie Lante, die ihn 1644 wiederum an den einflußreichen Fürsten Mazarin (eigentlich Mazarini) veräußerte. Der Kardinal verfolgte in den prunkvoll dekorierten Sälen eine geschickte Politik des Mäzenatentums mit dem Ziel, die talentiertesten Künstler Roms an den französischen Hof zu schicken.

Die *Derelitta („Die Verlassene")*, die man meist Botticelli zuschrieb, wurde 1816 als Werk Masaccios gekauft. Nach Ansicht von Federico Zeri, dem Verfasser eines umfangreichen, gründlich recherchierten Sammlungskatalogs, handelt es sich hingegen um ein frühes Werk von Filippino Lippi.

Sichtlich zufrieden mit der Ausschmückung seines Palastes, stellte er ihn den französischen Gästen, die in der Stadt weilten, zur Verfügung. Kurz danach beauftragte er Martino Longhi d. J. mit dem Ausbau der fürstlichen Residenz und mit der Ausführung einer Fassade, die seinen sozialen Aufstieg unterstreichen sollte. Triumphierend trat er damit den Kirchenfürsten entgegen, die ihn in der Vergangenheit erniedrigt hatten. Im Laufe seines wechselhaften Lebens, allseits von Feinden umgeben, trug der Kardinal eine Sammlung zusammen, die durch ein noch zu seinen Lebzeiten angefertiges Inventar bekannt wurde und sein großes Interesse an profanen und erotischen Szenen zeigte. Seine Gegner warfen ihm deshalb vor, „les images lascives" (laszive Bilder) zu begünstigen.
1704 wurde der von den Fürsten Mancini, den letzten Erben Mazarins, angekaufte Palast unter den Familien Rospigliosi und Pallavicini aufgeteilt. Letztere wohnen noch dort und verwalten eine bemerkenswerte Gemäldesammlung. Zu ihrem Besitz gehören das Casino dell'Aurora, die höchste Loggia im Garten, die von Reni ausgemalt wurde, und weitere Bauten im übrigen Teil des Gartens. Unter anderem befindet sich auf der mittleren Terrasse, neben einem großen Halbkreisbrunnen, die sogenannte Loggia der Musen, mit den bildschönen *Neun Musen* von Orazio Gentileschi und den perspektivischen Extravaganzen von Tassi. Die Loggia im Erdgeschoß – heute Sitz des Italienischen Verbandes der Agrargenossenschaften – wurde von Paul Brill ausgemalt, einem hochangesehenen Landschafts- und Tierbildmaler. Er stellte eine von Reben umrankte und mit Vögeln und Schmetterlingen bevölkerte Weinlaube dar. Guido Reni umgab große, blumengefüllte Vasen mit anmutigen Putten.
Von seinen hohen Mauern eingeschlossen, erinnert der Palast Pallavicini Rospigliosi die Besucher an die ausgefal-

Über 500 überaus bedeutende Kunstwerke umfaßt die von Lazzaro Pallavicini begonnene Sammlung. Den Kernbestand der aus Bologna und der Emilia stammenden Sammlung hatte er während seiner Zeit als päpstlicher Gesandter in Bologna begründet. Dieser Grundstock erweiterte sich in der Folge durch Ehen mit Mitgliedern der Familie Colonna und Lante della Rovere ständig.

len kreative Leidenschaft derer, die zu Beginn des Barock die Künste gesammelt und gefördert haben. Eine großartige, unter dem Schutz der Treuhänderschaft stehende Kunstsammlung des Kardinal Lazzaro Pallavicini, die durch Ehen mit den Familien Colonna, Lante della Rovere und Rospigliosi bereichert wurde, hat im Palast auf dem Monte Cavallo ihren Platz gefunden. Unter den 500 Werken sind vor allem die Gemälde von Botticelli, Van Dyck, Velázquez, Lorrain, Reni und anderen Meistern hervorzuheben.

Skulpturen von Pierre Puget und Giuseppe Mazzuoli gehören ebenfalls zur Sammlung.
Die Wandtapeten, die wertvollen Möbel, die Porzellanvasen und das Tafelsilber spiegeln die ganze Pracht der mächtigen päpstlichen Familien wider.

Casino dell'Aurora

Ein großflächiger, mit kleineren Bauwerken übersäter Park umgab den Palast, den Fürst Scipione Borghese Anfang des 17. Jahrhunderts für sich auf dem Quirinal erbauen ließ. Das Casino dell'Aurora wurde auf den sanft abfallenden, nach italienischem Vorbild angelegten Terrassen erbaut. Seine großzügig dimensionierten Arkaden öffnen sich nach außen und beziehen das Blattwerk der umstehenden Bäume in sich ein. Von jener komplexen Kulisse, die der Lieblingsarchitekt des Kardinals, Jan van Santen - Vasanzio genannt -, für das irdische Vergnügen seines Mäzens ersann, ist heute nur mehr wenig erhalten. Unversehrt geblieben ist die herrliche, für die Erholung des Fürsten konzipierte Loggia. Hinter der mit antikem Marmor verkleideten Fassade verbirgt sich ein großer Saal, der von zwei kleineren Räumen flankiert wird. Während die auf dem Pincio gelegene Villa Borghese die von Scipione zusammengetragenen Sammlungen beherbergte und nur als Privatmuseum Verwendung fand, wurde die Residenz auf dem Quirinal tatsächlich vom Fürsten bewohnt.
Die Arbeit an der Ausgestaltung der Galleria Farnese

Vor dem Casino dell'Aurora steht ein Nymphäum, das von einer doppelten, mit Statuen verzierten Freitreppe eingerahmt wird. Das Casino wurde von Jan van Santen – Vasanzio genannt – für den lebenslustigen Fürsten Scipione Borghese auf der höchsten Terrasse des großen, nach italienischer Manier angelegten Gartens errichtet. Eine reiche, harmonisch angeordnete Innendekoration aus antiken Fundstükken verleiht dem luftigen Pavillon eine heitere Atmosphäre. Er besteht lediglich aus drei Räumen, die sich allesamt in einem Geschoß befinden.

durch die Gebrüder Carracci zog eine beträchtliche Anzahl von Künstlern aus Bologna an. Kardinal Scipione Caffarelli Borghese, der von dem neuen, von diesen Künstlern entwickelten Stil fasziniert war, hatte 1608 Guido Reni und Domenichino mit der Ausführung der Fresken im Oratorio di Sant'Andrea im Kloster San Gregorio al Celio beauftragt. Zufrieden mit ihrem Werk, beauftragte er Guido Reni und die anderen Bologneser Künstler, Lanfranco, Albani und Antonio Carracci, mit der Ausgestaltung der Verkündigungskapelle im Quirinalspalast. Die Ausschmückung des Gewölbes im Casino dell'Aurora, mit der im Jahre 1613 begonnen wurde, war Renis bedeutendster Auftrag, der zum Meisterwerk seines Romaufenthaltes wurde. Im Zentralgewölbe wird durch seine Malerei ein neues klassizistisches Konzept entwickelt, das sich in Form eines „außergewöhnlich verfeinerten, schwebenden" Freskos manifestiert, zu dem bis Ende des 19. Jahrhunderts die gebildeten Romreisenden pilgerten, um ihm ihre Reverenz zu erwiesen; schließlich wurde dieser Darstellung von Reni genausoviel Bedeutung beigemessen wie der Sixtinischen Kapelle und den Stanzen Raffaels. Das Fresko wurde von Burckhardt als „Höhepunkt von zwei Jahr-

Eine große, Serlio nachempfundene Loggia, die ursprünglich zum Garten hin offen war, wird von zwei vorspringenden Flügeln flankiert. Die kleineren Nebenräume in den Seitenflügeln wurden von Giovanni Baglione und Domenico Cresti (der den Beinamen „Il Passignano" trug) mit Episoden der von Torquato Tasso in seinem Epos *Rinaldo* verewigten Gestalten, Rinaldo und Armida, ausgeschmückt.

hunderten Malerei" definiert. Guido malte Apoll auf dem Sonnenwagen, von den Horen und Aurora (der Morgenröte) umgeben. Um seinen Auftraggeber zufriedenzustellen, versuchte er, das Wesen der Schönheit einzufangen. Schwebend geht Aurora an einem klaren Himmel auf, vor der Sonne und dem vierspännigen Wagen des Phöbus. Von anmutigen Musen umrahmt sitzt Apoll, Sinnbild einer erlesenen, im Laufe der Jahrhunderte stets hochgepriesenen Schönheit. Ohne eine illusionistische Verbindung mit dem ihn umgebenden Raum einzugehen, präsentiert sich das Fresko wie ein auf das makellose Weiß des Gewölbes aufgetragenes, isoliertes und von einem Stuckrahmen eingefaßtes Gemälde. An Renis Seite malte Antonio Tempesta die Friese *Triumph des Todes und des Ruhmes,* während Paul Brill, einer der Vorläufer der klassizistischen römischen Landschaftsmalerei, der im Laufe des 17. Jahrhunderts berühmt wurde, anhand der Metamorphose der Natur die Geschichte der *Jahreszeiten* erzählt. In den Nebenräumen wurden im Jahre 1614 die Gemälde *Rinaldo und Armida* von Giovanni Baglioni sowie *Armidas Kampf* von Domenico Cresti (genannt „Il Passignano", einem florentinischer Maler, der während des Pontifikats von Paul V. viele Aufträge hatte) – Szenen aus der Geschichte von Rinaldo und Armida – ausgeführt.

Vor dem Bild der Aurora rief Charles de Brosses, ein gebildeter Reisender, dem wir die Überlieferung der interessanten *Lettres d'Italie* zu verdanken haben, aus: „Rien de mieux inventé, de plus gracieux, de plus léger ni de mieux dessiné, c'est un *incanto*...". Die Launen des Schicksals in der Geschichte der Familie Borghese führten dazu, daß das Casino mehrfach den Besitzer wechselte: Zunächst wurde es an die Familie Bentivoglio veräußert, die es danach an Kardinal Mazarin weiterverkaufte. Im Jahre 1704 ging es in den Besitz der Familie Pallavicini aus Ligurien über, der es noch heute gehört.

Das Fresko *Aurora vor dem Wagen des Apoll* von Guido Reni erntete solchen Beifall bei seinen Zeitgenossen, daß das Lustschloß von Scipione Borghese nach ihm benannt wurde. Das Gemälde entstand in den Jahren 1613/1614 und schien das von Raffael und Correggio verkörperte Schönheitsideal zu neuem Leben zu erwecken.

Palazzo Chigi Odescalchi

Der herrliche Palast gegenüber der Basilika dei Santi Apostoli hat mehrfach sein Aussehen und seinen Namen geändert, je nachdem, welche der vom Schicksal und päpstlicher Freigebigkeit begünstigten Familien ihn gerade bewohnte und ihren sozialen Aufstieg durch weitere Umbauten an dem Palast zum Ausdruck bringen wollte. Ursprünglich befand sich der Palast im Besitz der Fürsten Colonna, der unumstrittenen Herren dieses Stadtbezirks. Wenig ist heute von jenem wahrscheinlich von Türmen überragten Bauwerk übriggeblieben, das im Laufe der Zeit sein Erscheinungsbild veränderte, um sich dem Rang und Reichtum seiner wechselnden Besitzer anzupassen.
Die erste komplette Renovierung des Palastes war ein Werk Madernos und erfolgte im Jahre 1622, nachdem er - so erwähnt Baglioni - „von den Signori Colonna in den Besitz der Signori Ludovisi" übergegangen war. Obwohl Kardinal Ludovico Ludovisi nur wenige Jahre (1622-1628) in diesem Palast residierte, hinterließ er deutliche Spuren. Während dieser kurzen Zeit entwarf Maderno - der Lieblingsarchitekt des Fürsten, für den er auch die herrliche Villa

Das päpstliche Wappen der Familie Odescalchi prangt im Giebelfeld des Fensters, das über dem imposanten Portal der von Bernini entworfenen Fassade angebracht ist. Der alte Palazzo Chigi wurde nachträglich von Nicola Salvi und Luigi Vanvitelli (Van Witten) erweitert, indem sie einen doppelten Eingang entwarfen. Das *Piano nobile* besteht aus einer langen Zimmerflucht, die von weniger bedeutenden, aber für den erlesenen Geschmack des Barock sehr repräsentativen Künstlern reich dekoriert wurde.

auf dem Pincio erbaut hatte – den großen, auch im Zuge der späteren Umbauarbeiten unverändert gebliebenen Innenhof. Pascoli erwähnt in den Chroniken jener Epoche, wie Maderno „das Gebäude hervorragend restaurierte und sogar den Innenhof veränderte“. Der weitläufige Platz wurde von einem prachtvollen, auf dorischen Säulen und Pfeilern gestützten Portikus umgeben. Zahlreiche Skulpturen, u. a. die zwei heute noch erhaltenen Statuen der Kaiser Julian und Maximian aus der Spätantike, schmückten die Arkaden. Als Kardinal Ludovisi zum Vizekanzler ernannt wurde, zog er im Jahre 1628 in seine neue Residenz um. Er veräußerte den Palast an die Fürsten Colonna, die ihn 1657 erneut an die aufsteigende Familie Chigi aus Siena – Nachfahren des einflußreichen Bankiers Agostino, des Auftraggebers der Villa Farnesina – abtraten.
Fabio Chigi, ein bewährter und hochgeschätzter Mann, wurde ohne die übliche Unterstützung seiner Neffen im Kardinalskollegium zum Papst gewählt und bestieg als Alexander VII. (1655-1667) den Stuhl Petri. Trotz allerbester Absichten mußte er sich bald der Vetternwirtschaft beugen und seiner Familie die üblichen Begünstigungen zukommen lassen. Der Jesuitenpater Onori erklärte diesbezüglich, daß es eine Sünde gewesen wäre, die Verwandten nicht zu sich zu rufen. Resigniert fügte sich Alexander VII. den

Die Decken sind aus Holz geschnitzt und nach der sich im 16. und 17. Jahrhundert in Rom verbreitenden Sitte mit goldenen Rosetten verziert.

In der Mitte des Brunnensaals befindet sich ein Wasserbecken. Des weiteren ziert ein imposanter, aus mehrfarbigem Marmor gebauter Kamin aus dem 17. Jahrhundert den Raum. Oben an der Wand ist ein dekorativer Fries mit den Familienwappen angebracht.

römischen Sitten. Sein Bruder Mario wurde Direktor des Getreideamts, während sein Neffe Fabio die Kardinalswürde verliehen und von Pompeo Colonna per Testament die Nutznießung des Palastes bei der Kirche ai Santi Apostoli zugesprochen bekam. Ein weiterer Neffe, Agostino, wohnte ebenfalls in dem Palast in Erwartung einer fürstlichen Heirat. Trotz der prekären wirtschaftlichen Lage, in der sich der Kirchenstaat befand, veränderte Alexander VII. Chigi das Gesicht der Stadt, indem er den geradezu unfaßbaren Aufschwung des Bauwesens förderte. Dieser Zeit verdanken wir die noch heute vorherrschende barocke Prägung Roms. Krautheimer schrieb diesbezüglich, daß kein anderer unter den Päpsten, die sich mit aller Leidenschaft um den Aufbau der Stadt kümmerten – von Julius II. über Sixtus V. bis hin zu Urban VIII. –, in vergleichbarem Maße zum Wandel des römischen Stadtbildes und Prestiges beigetragen habe wie Alexander VII. Hauptakteur dieses Bauprogramms wurde Bernini. Er war triumphierend wieder nach Rom zurückgekehrt, um die großartigen Kolonnaden des Petersdoms zu erbauen. Fürst Mario, ein Neffe des Papstes, wandte sich an den Architekten, um die Fassade des Palastes umbauen zu lassen. Ersichtlich ist der ursprüngliche Entwurf von Gian Lorenzo Bernini für die Fassade, die durch weitere Umbauten verändert wurde, noch aus dem vorspringenden Mittelteil und Drucken

aus dem 18. Jahrhundert. Zahlreiche Entwürfe wurden dem Auftraggeber vorgelegt, bevor er sich endgültig für das Projekt Berninis entschied. Wie einige Dokumente aus dem Archiv der Familie Chigi in der Bibliothek des Vatikans bezeugen, hatte Fürst Mario die Wahl zwischen mehreren außergewöhnlichen Alternativen. 1664 entschied er sich jedoch für den Bauplan Berninis, dessen Entwürfe von seinem Bruder Luigi und Carlo Fontana - damals Chefarchitekt und somit der eigentliche Autor der Arbeiten - ausgeführt wurden. Eine Urkunde vom 7. Februar 1664 bestätigt, daß auch Gian Lorenzo Bernini auf der Baustelle anwesend war. Er mußte seine Arbeit dann wegen einer Reise nach Frankreich, wo er seine Pläne für die Erbauung des Louvre vorstellte, unterbrechen. Ein Brief von Flavio Chigi hält den Architekten über den zufriedenstellenden Verlauf der Arbeiten auf dem laufenden: „Die Arbeiten an der Fassade meines Hauses schreiten durch die Mühen, die Signor Luigi, Ihr Bruder, auf sich nimmt, glücklich voran." Die Fassade wurde in drei Teile untergliedert und der Vorbau nach vorne versetzt, womit ein Modell festgelegt wurde, das einen erheblichen Einfluß auf die Architektur in Mitteleuropa und insbesondere in Wien ausübte. Die mit riesigen Wandpfeilern versehene Fassade in ihrer monumentalen und klassizistischen Ausprägung stellte eine Huldigung an Michelangelo und Palladio dar. Eine

Die geschnitzten Holzverzierungen über den Türen (Supraporten) stellen ein Schmuckelement dar, das für den Rokokostil typisch werden sollte.

Balustrade, auf der früher Skulpturen standen (sie fehlen heute), schließt das Gebäude ab. Flavio Chigi wurde ein leidenschaftlicher Sammler von Marmorplastiken, die bei Ausgrabungen ans Licht kamen. In Anlehnung an die Tradition des 16. Jahrhunderts trug er eine wertvolle Sammlung zusammen, die nach seinem Tod in Dresden veräußert wurde. Wie wir aus einer nach Fertigstellung der Arbeiten angefertigten Zeichnung Faldas entnehmen, präsentierte sich das Bauwerk insgesamt schlicht und elegant, als würdige Residenz für die Nachkommen des prächtigen Renaissancefürsten Agostino. Den für weltliche Fürsten errichteten Bauwerken Berninis war hingegen ein widriges Schicksal beschieden. Die meisten von ihm entworfenen Pläne wurden entweder komplett umgestaltet (wie z. B. der Palazzo Chigi oder der Palazzo Montecitorio) oder rundweg abgelehnt (wie sein kühner Entwurf für den Louvre). So wie er für die Familie Barberini einen prachtvollen Landsitz gestalten wollte, plante er für die Familie Chigi einen Stadtpalast. Damit schuf er „den Archetyp eines ausgeprägt barocken Adelspalastes, der vor allem für den nordischen Barock zu einem entscheidenden Vorbild werden sollte“ (Frey). Mit dem endgültigen Umzug der Familie Chigi in ihr neues Heim an der Piazza Colonna wurde der Palazzo dei Santi Apostoli, im Jahre 1746 vom Fürsten Baldassarre Odescalchi – einem Großneffen von Papst

Die vier mit Marinen dekorierten Lünetten, die nach einer im 17. Jahrhundert sehr modernen perspektivistischen Stilrichtung von Agostino Tassi ausgeführt wurden, gehen auf die Zeit zurück, in der Kardinal Ludovisi den Palast bewohnte.

Innozenz XI. (1676-1691) - erworben. 1750 beauftragte dieser Nicolò Salvi und Luigi Vanvitelli (Van Wittel) mit dem Ausbau des Palastes, um ihm neuen Glanz zu verleihen. Im Wettstreit mit der Familie Colonna, die ihren Besitz auf der gegenüberliegenden Seite des Platzes errichteten, verlängerten die beiden Architekten die Fassade, wodurch sie Berninis ursprünglichen Entwurf über den Haufen warfen. Sie fügten den beiden Seitenflügeln noch je ein Portal hinzu, das mit einem Balkon überdacht und mit dem silbernen vierteiligen Wappen, in dem der Löwe, sechs Weihrauchschiffchen und ein gekrönter Adler abgebildet sind, verziert ist. Von der prunkvollen, extra für den Palast konzipierten Einrichtung ist viel verlorengegangen. Die Bilder, die Skulpturen und die nach den Vorlagen von Giulio Romano und Paul Rubens angefertigten Wandteppiche, die in den ersten Jahren des 18. Jahrhunderts die Appartements des Fürsten Livio schmückten, sind nicht mehr aufzufinden. Hier wohnte während ihres Aufenthaltes in Rom die polnische Königin Maria Casimira, die Witwe von Johann III. Es fehlt auch das von Johan Paul Schor entworfene einzigartige Bett des Kardinals Chigi, das mit weißem Atlas bezogen war und von Bruegel mit Blumenmotiven bemalt wurde.
Auch der Genueser Giovanni Battista Gaulli - Baciccia genannt - arbeitete im Alkovensaal; er malte die Sage von

Der Palast wurde mit einer kostbaren Statuensammlung geschmückt, die von Flavio Chigi - einem leidenschaftlichen Bewunderer der Antike - zusammengetragen wurde. Nachträglich gingen viele Möbelstücke des Palastes verloren, u. a. ein berühmtes von Johan Paul Schor entworfenes Prunkbett.

Endymion, die sich heute im Palazzo Chigi an der Piazza Colonna befindet. Dort wird auch heute noch das Gemälde von Caravaggio *Die Bekehrung des Paulus* aufbewahrt, das durch die Hinterlassenschaft der Genueser Sammlung der Familie Balbi di Piovere nach Rom kam. Im Jahre 1887 zerstörte ein Brand einen Teil der oberen Geschosse, weswegen der Palast noch ein letztes Mal umgestaltet werden mußte. Raffaele Ojetti wurde mit dem Entwurf einer neuen Fassade für den auf die Via del Corso hinausgehenden Trakt, der Eigentum der Familie Odescalchi ist, betraut. Er baute nach dem Geschmack der eklektischen Strömungen jener Jahre die heutige Fassade mit einer Rustika im florentinischen Stil der Neorenaissance. Langsam wurde der Garten unter den Steinen begraben, und es entstand ein einziges Bauwerk.

Das Gewölbe mit dem Fresko der Kybele, die auf einem von Löwen gezogenen zweirädrigen Wagen sitzt, könnte von dem bei Malvasia erwähnten Maler Girolamo Curti – Dentone genannt – stammen.

Palazzo Altieri

Der Architekt De Rossi begann 1650 mit dem Umbau und der Erweiterung der schon vorhandenen Gebäude der uralten Familie Altieri. De Rossi entwarf eine schlichte und elegante Prunktreppe in harmonischen Proportionen, die durch große Fenster erhellt wird. Einige antike Skulpturen aus der von Marco Antonio Altieri begonnenen Sammlung sind in ihren Nischen aufgestellt.

Schon seit dem 14. Jahrhundert besaß das uralte Geschlecht der Altieri ausgedehnte Besitztümer im Stadtbezirk Rione della Pigna. Doch erst im 17. Jahrhundert, nachdem Clemens X. Altieri (1670-1676) zum Papst gekrönt worden war, beeilte sich die adelige Familie, einen imposanteren Palast gegenüber der Chiesa del Gesù zu errichten, an der Stelle, wo ursprünglich ihre schlichten Häuser gestanden hatten. Die Familie Altieri hatte im Laufe der Zeit alle Gebäude des Platzes in ihren Besitz gebracht. Wie aus einem von Bufalini gezeichneten Plan aus dem Jahr 1551 ersichtlich ist, trug der Platz ursprünglich den Namen dieser Familie. Nachträglich wurde er nach einem Profeßhaus der Jesuiten benannt, die ihre Vorherrschaft auf deren Gebiet ausdehnte. So entstanden Unstimmigkeiten mit der adeligen Familie der Altieri, die behauptete, schon seit den Zeiten der römischen Republik im Herzen der Stadt gewohnt zu haben. Die feindliche Stimmung eskalierte, als die Jesuiten sahen, daß in der Nähe ihrer Kirche ein derart prachtvoller Palast erbaut wurde. Auch wenn die Abstammung der Familie von Lucius Alterius wenig glaub-

haft erscheint, ist historisch belegt, daß Giacomo Altieri 1330 „außer im Kolosseum mit dem Stier zu turnieren", das erste Gebäude bei der Kirche Santa Maria degli Astalli erwarb. Der erste Teil des Palastes wurde im Rahmen der Feierlichkeiten für das Heilige Jahr 1650 im Auftrag des Kardinals Giovanni Battista Altieri – er leitete die Einverleibung der verschiedenen Besitztümer auf der „*insula*" ein – erbaut. Das ursprüngliche Projekt wurde von Giovanni Antonio De Rossi entworfen, einem damals noch jungen Architekten, der später dank der Ausübung verschiedener und umfangreicher Tätigkeiten einen beständigen beruflichen Erfolg erleben sollte. Ein weiterer Bru-

Das Fresko im zentralen Oktogon des Gewölbes im Spiegelsaal stellt den Sonnenwagen dar und wurde 1675 von Fabrizio Chiari gemalt.

der, Emilio Altieri, der am 28. April 1670 unerwartet zum Kardinal ernannt wurde, als er fast im Sterben lag, trug zur Restaurierung des Palastes bei, indem er zu diesem Zweck 18 000 Scudi zur Verfügung stellte. Er hatte sich anfänglich an Carlo Fontana, den Schüler Berninis, gewandt, der bei den Mächtigen sehr beliebt war und einen - später verworfenen - Plan zeichnete. Die Maßnahmen des Architekten De Rossi führten zum Ausbau des bereits bestehenden Gebäudes, das verschönert und modernisiert wurde. Das Portal, über dem das Familienwappen prangte, öffnete seine Flügel zu einem eleganten Innenhof, dessen Kranzgesims von heraldischen Sternen und Schildkröten übersät war. Der junge Architekt entwickelte eine barocke und gleichzeitig klassizistische Formensprache und entwarf unter Beachtung harmonischer Proportionen eine schlichte und elegante, dank großzügiger Fenster lichtdurchflutete Prunktreppe. Die Treppe, in deren Nischen Skulpturen aus der von Marco Antonio Altieri begonnenen Antikensammlung standen, wurde zwanzig Jahre später zum Bindeglied zwischen dem neuen und dem alten Bau, indem es die beiden prachtvollen Innenhöfe miteinander verband.
1670 nahm der inzwischen berühmt gewordene und erfahrene Giovanni Antonio De Rossi die Arbeiten wieder auf und plante den Ausbau des Gebäudes. Er gedachte, die gesamte Häusergruppe

Ein Portal mit Türfüllungen aus Alabaster, das von zwei Säulen aus Porphyr flankiert wird, trennt das *Gabinetto Nobile* (Kleiner Empfangs- oder Besprechungsraum) vom Spiegelsaal.
Die Bezeichnung dieses Saales rührt von den großflächigen Fresken her, die Carlo Maratta 1673 malte und in denen er die Sanftmut *(Clementia)* der Altieri pries. Die stehende Figur der *Felicitas Pubblica*, des öffentlichen Wohls, trägt die Züge von Gaspare Altieri, des adoptierten Papstneffen, der den Namen des Geschlechts annehmen durfte.

in ein einheitliches, monumentales Projekt einzubeziehen. Als Clemens X. Altieri im Alter von 80 Jahren den Stuhl Petri bestieg, wirkte sich das günstig auf die Pläne des Architekten aus. Da der Familie Altieri die Vergänglichkeit des Menschen durchaus bewußt war, beeilte sie sich mit der Errichtung des Palastes. Das Gebäude wurde stark erweitert, und dies löste sarkastische Bemerkungen von Pasquino aus, der die Baubesessenheit der Familie Altieri mit der von Nero zur Zeit der Domus Aurea verglich. Die Verwandten, die das baldige Ableben des Pontifex befürchteten, vollendeten den ehrgeizigen Prachtbau; sie steckten eine solche Energie in das Unterfangen, daß die Bauarbeiten bei Tag und Nacht – die Baustelle wurde mit Fackeln erhellt – vorangetrieben wurden. Der alte Palast diente weiterhin der Repräsentation, während der Erweiterungsbau als Wohnsitz für den Papstneffen, Kardinal Paluzzo Paluzzi Albertoni, vorgesehen war. Es entstand somit ein neues, stark gegliedertes Gebäude, das zum großen Teil unter dem wachsamen Auge Paluzzos errichtet wurde, der den Umbau vom „Kardinalspalast zur Residenz des Hofes einer päpstlichen Familie“ beaufsichtigte.
Der vom letzten Nachkommen der Familie Altieri, Papst Clemens X., adoptierte Paluzzo Albertoni führte selbst Regie bei den Arbeiten an dem für seine Nachfolger konzipierten neuen Bauwerk. Letztere waren per Testament dazu verpflichtet worden, das, was später als „Amphitheater der Nepoten“ bezeichnet wurde, zu bewohnen. Paradoxerweise erlebte das alte Geschlecht der Altieri seine Glanzzeit gerade dann, als es auszusterben drohte, was durch die Adoption verhindert wurde. Die Wohngemächer des Kardinals entstanden im neuen Flügel; sie wurden mit Stuckarbeiten von Ercole Ferrata sowie mit wertvollen Wandbespannungen ausgestattet. Die Säle wurden in jener Epoche prachtvoll ausgeschmückt; die großflächigen und sonnendurchfluteten Räumlichkeiten standen im Kontrast zu den alten Räumen des Kardinals Giovanni Battista, des Auftraggebers einer „prunkvollen, schattenhaften, eher der Ehre der Vorfahren“ als dem Triumph der Macht der neuen Altieri gewidmeten Dekoration.
Die Arbeiten an dem monumentalen, Mitte des 17. Jahrhunderts angefangenen Gemäldezyklus zogen sich über mehr als ein Jahrhundert hin. Das vorherrschende Thema war die Verherrlichung des antiken und modernen,

Die Decke des Sommerschlafzimmers wurde von Felice Giani dekoriert, der in der Mitte die *Einladung von Paris an Helena* darstellte. Das Gewölbe des Winterschlafzimmers, das auch als Saal der Triumphe bezeichnet wird, gestaltete Giuseppe Cades mit Bildern von Triumphzügen aus.

Nächste Doppelseite
Der als Gabinetto Nobile oder Mosaiksaal bezeichnete Raum wurde in den neunziger Jahren des 18. Jahrhunderts mit Gemälden ausgeschmückt. Das Bild oberhalb der Alabastertüren stellt *Tarpeia, die Tatius die Schlüssel des Kapitols überreicht,* dar und ist ein Werk von Antonio Cavallucci aus dem Jahre 1791. Die *Spielenden Putten* auf dem Marmorfries wurden 1788 von Vincenzo Pacetti ausgeführt.

christlichen und heidnischen Roms. Don Carlo Altieri ließ sich von Camillo Massimo und Bellori beraten und betraute anfangs Carlo Maratta, den größten Künstler der römischen Landschaftsmalerei, mit der Ausschmückung des Palastes. Im Jahre 1673 war der große Salon soweit fertiggestellt, daß er mit Fresken ausgemalt werden konnte, und bot sein geräumiges Gewölbe den weisen Allegorien des Malers an. Das ausgewählte Thema, die *Allegorie der Sanftmut* (ital. *Allegoria della Clemenza*) deutete auf den Namen des Pontifex (Clemens) hin und war als Lobpreis seiner Tugenden gedacht. Es handelte sich um den bedeutendsten und maßgeblichsten Auftrag der zweiten Hälfte des Jahrhunderts in Rom. Er war bezeichnend für den stilistischen Wandel sowie die vom Architekten beabsichtigte endgültige klassizistische Ausrichtung und wurde zum Vorbild für die späteren Dekorationen der europäischen Königspaläste. Die stehende Figur der *Felicitas Pubblica*, des Öffentlichen Wohls, trägt die Züge von Don Gaspare Altieri, dem Adoptivneffen des Papstes, der als Ehegatte der Nichte ermächtigt wurde, den Familiennamen anzunehmen. Gleichzeitig begann 1675 die prunkvolle Ausschmückung des sogenannten Roten Saales im Stil des Barock; seine Lünetten sowie das Gewölbe wurden von Nicolò Berrettoni mit Gemälden ausgestaltet; der Spiegelsaal wurde von Fabrizio Chiari ausgeschmückt und der Grüne Saal von Francesco Cozza mit Fresken, die *Allegorien von Herbst und Winter* darstellen, bemalt. Das gesamte Piano nobile wurde renoviert; von erlesener Schönheit waren die heute

zum Großteil verschwundenen Möbelstücke, die zu jenem Anlaß entworfen wurden. In dem auf die Piazza del Gesù gehenden Salon erzählte Domenico Canuti aus Bologna in einem großangelegten Fresko die Entstehungsgeschichte Roms. Eine klassizistisch ausgerichtete Sammlung, die im Einklang mit den ästhetischen Geboten Belloris stand, umfaßte Gemälde von Correggio und Veronese, Perugino und Guido Reni. In Hülle und Fülle bedeckten wertvolle Marmorstücke die Wände, von Jaspis aus Sizilien bis hin zum Schwarzweiß und Cipollin. Kristall und Gold, Silber und Spiegel wurden prachtvoll zu einer theatralischen Kulisse zusammengestellt.
Die reiche Ausstattung erstreckte sich auch auf die Böden, die mit Ziegelmosaiken und später mit antiken Mosaiken bedeckt wurden. Edler Damast, Samt und Brokat schmückten die Wände, die nicht mit Fresken ausgemalt waren. Die ungewöhnlich reich ausgestattete Bibliothek bewahrte in ihren nach einem Entwurf von De Rossi geschnitzten Regalen aus Nußbaumholz 13 000 wertvolle Bücher auf. Beim Tode von Paluzzo und Clemens X., um die Jahrhundertwende, beschloß Fürst Gaspare, von Rom nach Venedig umzuziehen; daher wurden keine weiteren Anschaffungen getätigt. Sein Sohn Girolamo nahm 1735 im dem für den Kardinal Giovanni Battista erbauten Palast die Umbauarbeiten in einigen Sälen, die auf den ersten Innenhof blicken, wieder auf. Damals entstand der kleine Barocksaal. Der Sohn Emilio Carlo ließ zur Vermählung seines erstgeborenen Sohns Paluzzo mit Marianne von Sachsen die letzten bedeutenden Gemälde im Palast ausführen. Um wie in einem letzten Schwanengesang „unterhaltsame und sagenumwobene" Themen darzustellen, wurde Felice Giani herbeigerufen. Wie sich herausstellte, bestand eine perfekte Harmonie zwischen ihm und seinem Auftraggeber, der selber Maler, Kunstkenner sowie Förderer archäologischer Ausgrabungen am Tiber war.
Das vom Architekten Giuseppe Barbera ausgestaltete *Gabinetto Nobile* stellte einen der schönsten neoklassizistischen Räume Roms dar, die Wiege jenes Stils, der aus dem „Zusammenschluß leidenschaftlicher, aus allen Ecken Europas herbeigeeilter Geister" entstanden war. Die im Stil des 18. Jahrhunderts eingerichteten Säle des Palazzo Altieri wurden zum Treffpunkt der angesehensten, in der Liebe zur Antike vereinten Künstler der Stadt. Das Bild *Die Geburt von Romulus* aus der Verbindung von Mars und Rhea Silvia spielte auf das Brautpaar an; in der Mitte des Saales wurde ein Mosaikboden aus dem Augusteischen Zeitalter eingelassen, der 1783 in Ostia gefunden worden war. Den verschiedenen Künstlern gelang es, die Stuckdekorationen, die Marmorplastiken und die Fres-ken um das zentrale Ölgemälde von Stefano Tofanelli, das die *Apotheose des Romulus* dar-

Das Gewölbe des Roten Saales wurde 1675 von Nicolò Berrettoni mit Fresken ausgemalt. In der Mitte der Decke ist die *Allegorie der Liebe* zu sehen.

stellt, zu einem einheitlichen Ganzen zu verschmelzen. Vincenzo Pacetti führte den Fries mit den tanzenden Putten aus, während Felice Giani gemeinsam mit Peter, dem Schöpfer der Tierdarstellungen, Basconi, der die Blumen zeichnete, und Giovanni Campovecchio, dem Schöpfer der Landschaften, die Grotesken an den Wänden malte. Die Sopraporten, Werke von Antonio Cavallucci, Giuseppe Cades, Francesco Manno und Anton Von Maron, erzählten vom *Raub der Sabinerinnen*. Weiter hinten betrat man das Winterschlafzimmer, das 1789 von dem bedeutenden Dekorationskünstler Giani mit Blumenmotiven und Grotesken und ferner mit dem *Triumph der Liebe, des Wohlstands, der Venus und der Künste* ausgemalt wurde. Der dritte, ovale Saal war ein Kabinett, das vom Meister und seinen Schülern mit Fresken aus den Geschichten von *Atalante und Hippomenes, Diana und Aktäon* und dem *Urteil des Paris* ausgemalt wurde. Ein letzter Saal – das Sommerschlafzimmer – schloß den von Leichtigkeit und Schwung geprägten, lieblichen Dekorationszyklus ab. Giani schuf ein neues, von feiner hellenistischer Anmut gekennzeichnetes *décor*, in dessen zauberhafter Atmosphäre, die den zügellosen Freiheiten der Aufklärung Vorschub leistete, man einem Liebhaber hätte Einlaß gewähren können. Der einen Ausweg aus der pompösen *Grandeur* der Gemächer von Kardinal Paluzzo aus dem 17. Jahrhundert suchende Giani hatte seinem Auftraggeber etwas ganz anderes zu bieten: Intimität und die Flucht in die geheimnisvolle Welt der Mythologie, die im „vierten Stil" der pompejanischen Malerei studiert und eingefangen wurde. Er entwarf kleinere Räumlichkeiten und herrliche Alkoven für immer anspruchsvoller werdende Fürsten, er schuf Werke von einer bisher ungewohnten Leichtigkeit im *Rocaille*-Stil, wie zum Beispiel im Ankleidezimmer aus dem Jahre 1732. Mit außerordentlicher Eleganz beendete er ein Bauwerk, das den Höhepunkt römischer Dekorationsarbeiten darstellte.

Eine reich ausgeschmückte Sopraporte und die berühmte Decke des ovalen Saales, die von Giani und seinen Schülern mit den *Triumphen der Liebe* verziert wurde.

Palazzo Doria Pamphili

Die Entwicklung des Palastes Doria Pamphili beruht auf der Verflechtung der Traditionen verschiedener adeligen Familien und der Einverleibung einiger antiker Bauten. Seine Geschichte wird aber heute mehr denn je mit jener herrlichen Kunstsammlung verbunden, die sich schon seit dem 18. Jahrhundert in der grandiosen vierseitigen Galerie befindet. Die durch zwei glanzvolle Heiraten eng mit den Geschlechtern Aldobrandini und Doria verbundene Familie Pamphili errichtete nach und nach den jetzigen Gebäudekomplex, der durch sechs monumentale, um die fünf Innenhöfe verteilte Eingänge zugänglich ist. Das erste Grundstück wurde von Camillo Astalli (1622-1666), einem Neffen Papst Innozenz' X., bei seiner Rückkehr aus Avignon, wo er für kurze Zeit päpstlicher Gesandter gewesen war, erworben. Ein päpstliches *Breve* von Alexander VII. vom 26. Mai 1659 befahl den Jesuitenpatres des Römischen Kollegiums, durch den Kauf des Palazzo Salviati den Platz zu vergrößern und einen Teil des Palastes abzureißen. Unter Beachtung des Bauvorhabens bemühte sich Camillo, innerhalb eines Jahres den Palast fertigzustellen. Mit der Bauleitung betraute er den Architekten Antonio Del Grande, einen Anhänger Gerolamo Rainaldis und Erbauer der Galerie des Palazzo Colonna. So begann das komplexe Abenteuer des Palastbaus der Pamphili, das Ergebnis von mindestens fünf aufeinanderfolgenden Bauphasen. Camillo, ein Mäzen Borrominis und Algardis, beabsichtigte, einen Palast zu errichten, der einen würdigen Rahmen für die Kunstwerke, die er gesammelt hatte, abgeben sollte. Trotz seines geringen Kunstinteresses hatte sein Onkel Innozenz X. bei Velázquez ein Porträt in Auftrag gegeben, das heute noch in der Galerie ausgestellt ist und als das schönste Bildnis des 17. Jahrhunderts angesehen wird. Camillo war zwar sehr kapriziös, rief aber in der Stadt ein bemerkenswertes Aufblühen der Künste hervor. Wie Passeri erwähnt, „schuf er mehr als jeder andere in seiner Zeit Beschäftigungsmöglichkeiten, aber auch Qualen für Maler und Bildhauer". Der wankelmütige Camillo war für kurze Zeit von seinem Onkel zum Kardinal ernannt worden, änderte aber schon bald danach seine Meinung und verzichte-

Der Innenhof des Palastes geht auf das frühe 16. Jahrhundert zurück. Damals wurde das ursprüngliche, von einem Kardinal aus Sorrent um das Jahr 1440 errichtete Gebäude von Giovanni Fazio Santoro restauriert und erweitert.
Im Laufe der von Valvassori im 17. Jahrhundert eingeleiteten baulichen Veränderungen wurde die vierte Seite des Säulenganges erbaut und das zweite Geschoß mit Fenstern im Stil des Rokoko geschlossen.

te nach einer komplizierten Prozedur auf die Kardinalswürde. 1647 war Camillo für eine fürstliche Vermählung vorgesehen; durch die Hochzeit mit Donna Olimpia Aldobrandini, die ein enormes Vermögen als Mitgift in die Ehe einbrachte, rief er eine mächtige Dynastie ins Leben. Die Witwe von Paolo Borghese brachte dem Gemahl als Erbschaft außer einer beachtlichen Kunstsammlung auch den Palast ein, der an die Kirche Santa Maria in der Via Lata angrenzte. Dieser Palast war um das Jahr 1440 von ei-

Die zwischen 1689 und 1691 von Carlo Fontana für Kardinal Benedetto Pamphili entworfene Palastkapelle wurde von Francesco Nicoletti, dem Lieblingsarchitekten von Giovanni Andrea IV. Doria, in der zweiten Hälfte des 18. Jahrhunderts restauriert. Weitere Änderungen wurden Mitte des 19. Jahrhunderts von Andrea Busiri Vici vorgenommen.
Die Spiegelgalerie im langen Flügel an der Via del Corso wurde erst im Jahre 1734 dekoriert, nachdem die zum Innenhof aus dem 16. Jahrhundert offene Loggia durch Gabriele Valvassori geschlossen worden war.

Die Arbeiten des Herkules, ein wiederkehrendes Dekorationsthema im Palazzo Doria Pamphili, wurden im Gewölbe der Spiegelgalerie von Aureliano Milani dargestellt.
Die Gruppe von Künstlern, die überwiegend die Dekoration der Galerie ausführte, wurde von den zwei "Ornamentierern" Pietro Bernabò und Giovanni Angeloni zwischen 1767 und 1769 angeleitet.
Am Ende der Galerie erkennt man die Büste von *Innozenz X.* von Gian Lorenzo Bernini.

nem Kardinal aus Sorrent errichtet und von Giovanni Fazio Santoro in den ersten Jahren des 16. Jahrhunderts vergrößert und restauriert worden. Damals zollte Julius II. diesem Palast hohes Lob. Nachdem die Familie Della Rovere ihn übernommen hatte, wurde er zusätzlich ausgeschmückt und 1601 dem Kardinal Pietro Aldobrandini, dem Neffen Clemens' VIII. Aldobrandini, vermacht. Mit der Ausschmückung einer Kapelle neben der Kirche beauftragte der Kardinal Annibale Carracci, der die berühmten Aldobrandini-Lünetten auf Leinwand malte, die heute in der Galerie aufbewahrt werden. Das Inventar der Aldobrandini-Sammlung, das von Monsignor Agucchi im Jahre 1603 angelegt wurde, umfaßt so außergewöhnliche Gemälde wie die *Salome* von Tizian und die Sammlung des Hauses d'Este von Bildern der Schule von Ferrara.

Dem Palazzo del Collegio Romano wurden auf diese Art und Weise weitere, der Braut gehörende Gebäude aus dem 15. Jahrhundert einverleibt; so entstand der umfangreiche Gebäudekomplex, der heute noch im Familienbesitz ist. Um den Innenhof herum wurden von Camillos Sohn Benedetto eine Reihe von Räumen eingeweiht, die der Malerei gewidmet waren: der Bildersaal, gefolgt vom Tiersaal und dem beliebten Ländersaal, der viele von den sonnendurchfluteten Landschaftsbildern von Claude Lorrain und Gaspard Dughet enthielt. Sie erinnerten den „liebenswürdigen, aber im Prinzip ungebildeten" Fürsten an die von Algardi errichtete Villa di Bel Respiro. 1675 vollendete Antonio Del Grande das Gebäude des Römischen Kollegiums. Der Tradition des 17. Jahrhunderts folgend, belastete er die breite Fassade nicht mit zu vielen stilistischen Neuheiten. Mehr Kreativität bewies er hingegen bei dem geräumigen Vestibül, das von einem von strenger Schlichtheit gekennzeichneten großen Gewölbe überdacht wird. Das Gewölbe führt über eine Freitreppe in das von antiken Statuen geschmückte Piano nobile. Der sogenannte Poussin-Saal, der mit präromantischen Felslandschaften Dughets ausgeschmückt wurde, bildete den Auftakt zu einer Reihe von Sälen – dem Hellblauen Saal, dem Thronsaal, dem Veloursaal –, bis man allmählich zu den Räumen der Galerie gelangte, die erst nachträglich ihr heutiges Aussehen erhielten. Ein Jahrhundert später riß eine zweite, glanzvolle Welle das Schicksal jener Säle mit sich; Rom, das den Stil des Rokoko – fast ohne sich mit ihm aufzuhalten – übersprungen hatte, da das barocke Erbe nicht auszusterben schien, erlebte die Umgestaltung der strengen Fassade in der Via Lata. Fürst Don Camillo Pamphili beauftragte Gabriele Valvassori, einen der wenigen Repräsentanten jener Stilrichtung, mit der Erneuerung der Vorderseite, mit ihrer Vereinheitlichung und mit der Schließung der offenen Loggia. Dadurch bekam der Palast ein Aussehen, das besser mit der Zeit in Einklang stand. Die Gemäldesammlung wurde in der Zwischenzeit dank der Erbschaft, die die Genueser Familie Doria aufgrund der im Jahr 1671 zwischen Anna Pamphili und Andrea III. Doria geschlossenen Ehe den Pamphili hinterließ, bereichert.
Die von Annibale Angelini mit pompejanischen Gemälden ausgeschmückte Galerie bekundete die bedeutenden archäologischen Ausgrabungen der damaligen Zeit.
Der Palazzo Doria Pamphili machte in vier Jahrhunderten eine komplexe architektonische Entwicklung durch, die unterschiedliche Gebäude zu einem einheitlichen, wahrhaft fürstlich anmutenden Baukomplex verschmelzen ließ. Besser als anderswo kann in diesem prächtigen Palast der Geist, der zur Entstehung der heute größtenteils in alle Winde verstreuten oder verlo-

Annibale Carracci, *Die Flucht nach Ägypten*, um 1605.

rengegangenen Antikensammlungen in Rom geführt hat, erahnt und bewundert werden; die Gemälde- und Skulpturensammlung Doria Pamphili ist in der jahrhundertelangen Geschichte dagegen unversehrt erhalten geblieben.

Im Aldobrandini-Saal hängen die vier im 16. Jahrhundert in Brüssel gewebten Gobelins mit Szenen aus der Seeschlacht von Lepanto.
Zahlreiche archäologische Fundstücke stammen aus der Villa Pamphili auf dem Gianicolo-Hügel.
Die Galerien zeigen berühmte Gemälde, wie zum Beispiel das Bildnis von Papst Innozenz X. von Velázquez aus der Sammlung Doria Pamphili. Es wurde kürzlich an der Stelle aufgehängt, wo es sich laut der aus dem Archiv ersichtlichen Beschreibung der Einrichtung im späten 18. Jahrhundert befand.

Palazzo Rondinini

Der Stil der klassischen Antike stand Pate bei der Entstehung dieses Palastes. Er sollte von dem Kult der griechisch-römischen Welt zeugen, der im Laufe des 18. Jahrhunderts die erlesensten Geister beseelt hatte und wie ein Schwanengesang des Altertums Rom noch einmal zur kosmopolitischsten Hauptstadt Europas gemacht hatte. Schon in der Renaissance hatten die Architekten häufig Gebäude eigens dafür errichtet, den Kunstsammlungen der einflußreichsten Patrizier einen würdigen Rahmen zu bieten. Der Palast in der Via Lata war hauptsächlich als Ausstellungsort für eine Sammlung entstanden, die eng mit der Persönlichkeit des Bauherrn, Marchese Giuseppe Rondinini, verknüpft war. Der Architekt Alessandro Dori war eindeutig der richtige Mann, um dieser archäologischen Leidenschaft, die er durchaus teilte, sowie dem Geschmack und der Kultur des Marchese zu entsprechen. Geschickt bezog er in den Prachtbau Marmorskulpturen und -fragmente, Inschriften und Säulen aus grauem Granit, Tafeln aus antikem gelbem und schwarzem afrikanischem Porphyr harmonisch ein. Er schuf somit eine orga-

Durch die vom Architekten Alessandro Dori konzipierte, in den Piano nobile führende Prunktreppe fällt der Blick auf die Nische im Hintergrund, in der die antike Skulpturengruppe *Satyr mit einer Nymphe* aufgestellt ist.

nische, eigens für den Kult der Antike ersonnene Dekoration. Margherita Ambra Rondinini, die Mutter des Marchese Giuseppe, hatte 1744 den Barnabiterpatres von Arpino jenen kleinen Palast an der Piazza del Popolo abgekauft, den der Maler Giuseppe Cesari – Cavalier d'Arpino genannt – für sich hatte erbauen lassen. Seine gesellschaftliche Rolle und der Ruf, den ihm seine hohe Kunst unter dem Pontifikat Clemens' VIII. eingebracht hatte, ermöglichten ihm, im Jahre 1604 einen unfertigen Palast am Corso für 3000 Scudi zu erwerben. Baglioni erwähnt die architektonischen Entwürfe des Palastes, die von Flaminio Ponzio, dem Lieblingsarchitekten Pauls V. Borghese, stammten, und zwei Engel von Andrea Buonvicino, die die Fassade schmückten. Giuseppe, der letzte Nachkomme der Familie Cesari, vermachte das Gebäude den Barnabiten, die es kurze Zeit später verkauften. Von diesem ersten Bauwerk ist nichts mehr erhalten, außer einigen Chroniken, die seine Weitläufigkeit beschreiben.

Aus der Romagna stammend, war die Familie Rondinini 1572 nach Rom gezogen und hatte es dort zu Ruhm und gesellschaftlichem Ansehen gebracht. Als er noch in der Via di Campo Marzio wohnte, trug der Marchese Natale bereits die ersten Bilder aus dem 17. Jahrhundert für seine Gemäldesammlung zusammen. Giuseppe Rondinini verstand es geschickt, seine Einkünfte zu vermehren; da-

her blieben ihm die finanziellen Katastrophen, die den Großteil der römischen Aristokratie verarmen ließen, erspart. In der zweiten Hälfte des 18. Jahrhunderts restaurierte er den Palast und stellte eine bedeutende Gemäldesammlung zusammen, die

dem neuen Sinn für Intimität entgegenkommende Gemächer. Wie in jedem Patrizierpalast führte eine breite Prunktreppe empor zum Piano nobile, doch die Dekoration der Räume dort ließ nunmehr die Gebote von Monumentalität, Strenge und Prunk außer acht

Vorhergehende Doppelseite
In dem prachtvoll verzierten Innenhof und an den Wandpfeilern, die zur Prunktreppe führen, sind klassische Fragmente eingesetzt.

Die zur Zimmerflucht geöffnete Tür ist mit eleganten *Rocaille*-Motiven verziert und läßt an der rückwärtigen Wand eine römische Büste erkennen.

von einer besonderen Vorliebe für die neapolitanische und die französische Schule sowie für die berühmtesten Künstler jener Zeit zeugte; diese Sammlung wurde leider schon nach seinem Tode im Jahre 1801 aufgeteilt. Als Dori den Palast an der Via del Corso umbaute und erweiterte, veränderte er das Bauwerk grundlegend. Der zur Kirche San Giacomo hin gelegene Trakt wurde vergrößert. Nach der Mode der damaligen Zeit, die vorschrieb, die monumentalen und weitläufigen Säle des Barock durch kleinere, behaglichere Räume zu ersetzen, entwarf Dori kleinere,

und wurde statt dessen zierlicher und feiner. Die Stuckverzierungen nahmen getreulich verschiedene Motive aus den Bildern der Sammlung auf; für die Böden wurden vielfarbige Marmorstücke wiederverwendet, die bei Ausgrabungen gefunden worden waren. Goethe, der in der Via del Corso wohnte, war mit dem „Baron Rondinini" bekannt und zeigte sich von seiner Sammlung sehr beeindruckt. Angelica Kauffmann erwähnte im Tagebuch ihrer Romreise die Werke, die sie bewundert hatte. Indessen brach das Jahrhundert auf zu neuen Zielen. Benedikt XIV. stand

Das Vestibül hat die Form eines Nymphäums und schließt mit einem Kranzgesims ab, das von Telamonen (Stützfiguren) des Stukkateurs G. Ferrari und von eleganten, effektvoll verteilten Rokokoelementen gestützt wird. Am Ende der Prunktreppe ist in einer Nische, die sich über der Tür befindet, die Büste eines römischen Kaisers zu sehen. Eine kunstvolle Gipsdekoration aus pflanzlichen Elementen verziert das von Amoretten und Schwalben (den Wappentieren Giuseppe Rondininis) übersäte Gewölbe.

mit Voltaire in Briefwechsel; dadurch, daß er die Ausgrabungen überwachte, verhinderte er die Ausfuhr von Kunstwerken. Der Marchese Rondinini war seiner Welt so sehr verhaftet, jeder Neuerung gegenüber ablehnend und bestürzt über die Greuel der Revolution, daß er seine Sammlung vor den Augen der Welt verbarg und Zuflucht in den Erinnerungen an die Antike suchte. Eine Gedenktafel aus dem Jahre 1764 berichtet über die Fertigstellung der Bauarbeiten. Nun konnte mit der Innendekoration begonnen werden. Dori, der heute vollkommen in Vergessenheit geraten ist, war ein von seinen Zeitgenossen hochgeschätzter und beliebter Architekt, wie der prestigeträchtige Auftrag Clemens' XIV. für den Entwurf eines ersten Gebäudekerns für das Museum Pio Clementino beweist. Er war noch dem *Rocaille*-Stil in der Verzierung verhaftet, bevorzugte aber dynamische und effektvolle architektonische Lösungen im Sinne einer malerischen Wirkung. Er stimmte die Stuckdekorationen harmonisch auf die mehrfarbigen Böden ab und wählte eine pittoreske Stilrichtung aus, mit der er Pannini nachahmte. Die Skulpturensamm-

Vorhergehende Doppelseite
Im Marmorkabinett sind einige jener Skulpturen ausgestellt, die den Marchese Giuseppe Rondinini so sehr begeistert hatten, daß sogar der Papst neidisch wurde.
Eine erlesene, von ihm selbst angeregte Innendekoration ermöglichte es, die Fundstücke in Nischen unterzubringen, die ihrerseits durch die Verwendung von antikem Marmor noch kostbarer wurden. Die vorgetäuschten Holzrahmen sollten auf ein Atelier oder auf eine antike Sammlung hindeuten. Die Terrazzoböden nach „venezianischer Art" wiederholen sich in den meisten Sälen des Piano nobile, und teilweise sind antike Fundstücke in den Boden eingelassen.

Der Ausschnitt des Freskos mit der Darstellung eines Vogels auf einer Balustrade im Gewölbe des Saales von Amphitrite und Europa ist das Werk eines Quadraturmalers aus der Emilia; das Thema Scheinarchitektur war Ende des 18. Jahrhunderts sehr beliebt.
Das Gewölbe der prachtvollen Galerie wurde von Jacques Gamelin im Jahr 1772 mit einem Fresko, das den *Fall Phaetons* darstellt, dekoriert.

lung wurde in einen prachtvollen, phantasievollen, lebhaften und anmutigen Rahmen gestellt. In den Themen der Dekoration, die er sicher mit seinem hochgebildeten Auftraggeber abgesprochen hatte, erwies sich Dori als gelehrter Mann, der sich jedoch eine gewisse Leichtigkeit des Stils zu bewahren wußte. Der zunächst auf die Familie Capranica und später an den reichen Bankier Feoli vererbte Palast wurde im Laufe des 19. Jahrhunderts von der russischen Botschaft angemietet, die dort eine – heute nicht mehr vorhandene – orthodoxe Kapelle erbauen ließ. Seit 1946 ist die Banca Nazionale dell'Agricoltura, die den Palast vom letzten Erben der Familie Sanseverino käuflich erworben hatte, Eigentümerin des Gebäudes. Sie hat dem Verfall des herrlichen Palastes sowie den willkürlichen Umbauten und Plünderungen ein Ende gesetzt. Im Innenhof, auf einem Travertinsockel, stand einst die *Pietà* von Michelangelo, die sich heute im Castello Sforzesco (Schloß der Sforza) in Mailand befindet. Beim Durchblättern der Inventarlisten fällt auf, daß die überaus zahlreichen Büsten und Flachreliefs an unterschiedlichen Stellen untergebracht waren. Dies läßt eine bedingungslose und leidenschaftliche Liebe zur Antike erahnen, die heute, nachdem die Statuen zum großen Teil spurlos verschwunden sind, leider kaum mehr begreiflich und nachvollziehbar ist.

Der große Ballsaal, ursprünglich als „Stanza del Camerone" (Zentralsaal) bekannt, wurde Anfang des 20. Jahrhunderts restauriert. Die Decke des Ballsaales ziert das Gemälde *Minerva, die Jupiter und Juno Spanien vorstellt* des neapolitanischen Malers Corrado Giaquinto. Das Bild wurde im Jahr 1751 gemalt und aus dem Palast Santa Croce in Palermo hergebracht.

Palazzo Taverna Gabrielli Orsini

Auf dem Monte Giordano genannten, aus dem Geröll der Tiberüberschwemmungen entstandenen Hügel und auf den Ruinen der prachtvollen Gebäude aus der Kaiserzeit entstand die jahrhundertealte Festung der Familie Orsini, ein Schauplatz mittelalterlicher Fehden. Die Burg hatte in der Vergangenheit die Züge eines kleinen, selbständigen Dorfes angenommen, mit einem von Palästen und einer Kirche flankierten, zentralen Platz, der von den Zinnen der Ecktürme aus verteidigt wurde. Die Anhöhe über dem Tiber war schon im Mittelalter befestigt worden, um ihren Bewohnern Schutz vor Barbaren und Räubern zu bieten.
Eine Urkunde vom 21. Oktober 1286 bestätigt die Präsenz von drei Brüdern des Pontifex Nikolaus III. Orsini, die in drei getrennten Gebäuden der Festung ansässig waren. Der einst von den uralten Adelsgeschlechtern der Bovereschi und der Stefaneschi bewohnte Berg wurde nach Giordano di Poncello, einem mutigen Gefolgsmann des aufständischen Volkstribuns Cola di Rienzo, benannt. Im Laufe des 15. Jahrhunderts wechselten sich Scharmützel, Belagerungen und Kämpfe mit angeneh-

Die massiven Außenmauern erinnern an die alte Festung der Familie Orsini aus dem 14. Jahrhundert, ebenso wie die Torre Augusta, die von den Grafen Taverna Ende des 19. Jahrhunderts im zweiten Innenhof zum Gedenken an die unabhängige Ortschaft errichtet wurde. Die breite und elegante Ehrentreppe, die zum Piano nobile führt, wurde von Francesco Rust erbaut, als er 1805 im Auftrag der Familie Gabrielli den Bau eines Verbindungsflügels zwischen den beiden Palästen der Herzöge von Bracciano und von Pitigliano in Angriff nahm.

Die neopompejanische Dekoration des Palastes wurde vom Fürsten Pietro Gabrielli, dessen Familie seit dem Jahre 1688 im Besitz des Monte Giordano war, in Auftrag gegeben. Um die Vermählung seines Sohnes Mario mit Charlotte Bonaparte zu feiern, beauftragte er Liborio Coccetti mit dem Entwurf neuer Appartements, die zwischen den Jahren 1809 und 1816 mit Szenen aus der etruskischen, römischen und ägyptischen Mythologie dekoriert wurden.

men Konversationen und humanistischen Studien ab. Stefano Infessura erzählt in seinem *Tagebuch*, daß am 20. April 1455, am Tag der Krönung von Calixtus III. Borgia zum Papst, ein erbitterter Kampf unter den Mitgliedern der Familie Orsini ausbrach, der zur Belagerung durch die Sbirren (Schergen) von Cesare Borgia führte. Um die Mitte des 16. Jahrhunderts unterhielt Kardinal Ippolito d'Este - sein Leben lang Mieter beim Fürsten Camillo - einen herrlichen Hof im Palast; er wechselte ab zwischen Besuchen in Rom und Aufenthalten in der Villa in Tivoli. Damals wurde der Palast von Abgesandten, Kardinälen sowie von dem Dichter Torquato Tasso bewohnt. In den Chroniken wird von Festen, von Jongleuren und Seiltänzern berichtet, die zur Unterhaltung der illustren Gäste des Palastes herbeigerufen wurden. Im Innenhof wurden Bären-, Stier- und Hundejagden veranstaltet. Der von den Fürsten Orsini als streng und schlicht wirkendes Bauwerk hinterlassene Palast weist noch heute in der Fassade architektonische Renaissanceelemente auf. Aus jener Epoche stammt ein Portikus; die von Rucellai 1450 beschriebene „prächtige, mit Gemälden verzierte Treppe, die anstelle einer Glasscheibe ein blindes Alabasterfenster aufweist" ist hingegen verschwunden. Der Einfluß

der Herren von Bracciano, Monterotondo und Pitigliano begann allmählich zu schwinden. Aus diesem Grund wurden die Gebäude auf dem Monte Giordano im Jahre 1688 zwangsversteigert und gingen in das Eigentum des Fürstenhauses Gabrielli über. Fürst Pietro Gabrielli behielt die rustikale Schlichtheit im Stil der Renaissance an den Außenseiten bei und verwandelte die Innenräume in prachtvolle Säle. Die drei getrennten Gebäude wurden durch einen neuen Flügel teilweise miteinander verbunden, die wesentlichen Linien grundsätzlich aufrechterhalten. Pietro Gabrielli, ein leidenschaftlicher Sammler und Gelehrter, nahm die Vermählung seines Sohnes Mario mit Charlotte Bonaparte im Jahre 1815 zum Anlaß für die Ausschmückung der Räumlichkeiten. Autor des Freskenzyklus war Liborio Coccetti, der beim Fürsten aufgrund einer offenen Rechnung mit der vatikanischen Polizei um Schutz bat, Zuflucht fand und so den Gefängnissen der Engelsburg entkam. Der Palast wurde für den Künstler zu einem goldenen Käfig, in dem er sich mit wahrer Leidenschaft bei seinem Gastgeber revanchieren konnte. Überall drückte er seinen Wunsch nach Raum aus: Er schuf perspektivische, zum Himmel aufragende Kolonnaden und flüchtete sich in gelehrte, aus dem Alten Testament, der Genesis und der Geschichte Roms abgeleitete Themen. Die Zeit seines erzwungenen Aufenthalts im Palast brachte er mit der Ausschmückung und Renovierung des Piano nobile zu, wobei er sich an die Stilrichtung seiner Zeit hielt. Von 1809 bis 1816 – seinem Todesjahr – malte Liberio allein – im Gegensatz zu den üblichen Werkstätten, in denen der Meister das Ganze konzipierte und die Schüler die Details ausführten. In der römischen Künstlerszene war er nicht sehr bekannt. Zuvor war er im Palazzo Braschi tätig gewesen. Die Appartements der Familie Gabrielli wurden die große Gelegenheit, um David, der vor der Bundeslade tanzt, den Propheten Elias, der mit seinem Wagen in den Himmel auffährt, Josef und seine Brüder, die Zerstörung von Sodom und Gomorrha und die Königin von Saba darzustellen. Mit großem Geschick führte er herrliche Quadraturen aus, die die Hauptszenen einrahmten und ihrerseits von einem kleinen Heer beflügel-

Der Camilla-Saal ist der geräumigste in den von Liborio Coccetti ausgeschmückten Appartements; die Wände sind mit Göttern und Opferszenen bemalt.

ter Putten übersät wurden. Die Engelchen flattern in allen Ecken herum, sitzen auf den illusionistischen Rahmen, den *Grisailles*, den *Trompe-l'oeil*-Nischen, den Pilastern und den Medaillons, während die schwarzen und karminroten Hintergründe die Beschäftigung mit Pompeji und Herculaneum beweisen. Coccetti, obwohl er wie in Gefangenschaft isoliert war, machte sich einen Begriff von der Mode des *Directoire* und reihte sich somit zwischen den alten Mythen Davids und den ätherischen Tändeleien Fragonards ein. Im Inneren des Palastes, der einst den Herzogen von Bracciano gehörte, sammelte die Familie Gabrielli wertvolle Gobelins und die großartige Gemäldereihe von Sebastiano Ricci (1679-1734) und Giovanni Battista Pittoni (1687-1767). Die älteren, von Masolino und Giottino ausgeführten Malereien, die von Vasari erwähnt werden und die Wände mit den Heldentaten berühmter Männer verzierten, sind hingegen verlorengegangen. Weiteren Quellen zufolge wurden einige Säle mit den Fresken von Girolamo Muziano und Cigoli bemalt. Der schon zur Zeit der *Gens Orsina* bekannte monumentale Brunnen mit seinem Doppelbecken, in dem das Wasser der Quelle „Acqua Paola" fließt, wurde im 18. Jahrhundert von Antonio Casoni restauriert.
Aufgrund unbesonnener Bauspekulationen wandte sich das Glück von der Familie Gabrielli ab, die 1888 gezwungen wurde, den Palast auf dem Monte Giordano zu veräußern. Es war die Mailänder Familie der Grafen Taverna – sie ist mit den derzeitigen Palastbesitzern verwandt –, die diesen bezaubernden Palastkomplex erwarb. Durch sein schmuckloses, die äußeren Seiten flankierendes und die antiken Türme einverleibendes Mauerwerk behält das Bauwerk den strengen Charakter einer Festung bei.

Der von Coccetti verzierte Saal der Ocrisia erzählt die Sage der schönen Sklavin, die am Hofe der etruskischen Königin Tanaquilla von dem Gott Vulcanus auf einem Herd mit brennendem Feuer den zukünftigen König Servius Tullius empfängt. Ovid erwähnt diese Begebenheit in den *Fasti*, die die Herkunft des sechsten Königs von Rom somit auf eine Gottheit zurückführt.

An die Decke der Sala di Camilla ist die Geschichte vom Tode der Königin der Volsker gemalt, der Turnus, König der Rotuler, Beistand gewährt. Diese Episode wird von Vergil in der Äneis erzählt.

ALMA TIBI HANC NEMORVM CVLTRIX
IPSE PATER FAMVLAM VOVEO......

Die suburbanen Villen

Guercino, Ausschnitt des Freskos
Der Ruhm, aie Ehre und die Tugend
in der Villa Boncompagni Ludovisi.

Villa Chigi, genannt „La Farnesina“

An den unbestellten Tiberufern vor den Stadttoren ließ sich der reiche Bankier Agostino Chigi eine zweite Residenz errichten, um dort ein der Muße und den literarischen Erörterungen gewidmetes Leben zu führen, wie es die Dichter der Antike beschrieben. Das Ziel, ein Paradies auf Erden zu schaffen, das man ein Jahrhundert zuvor etwa durch den Bau einer Kathedrale zu erreichen versuchte, verfolgte er mit der Erbauung dieser Villa.
Diesem ländlichen Traum von höchster Eleganz verlieh im Jahre 1505 ein Sieneser Architekt, Baldassare Peruzzi, ein profunder Kenner der klassischen Antike, seine Form. Ursprünglich war die heute verputzte Außenseite des Gebäudes mit einer monochromen, aus Telamonen und pflanzlichen Motiven bestehenden Bemalung, die Heiterkeit ausstrahlte und von Peruzzi selbst ausgeführt worden war, verziert. In ihrer ausschließlich heidnischen Ausprägung und phantasievollen Gestaltung ist die Villa von der berühmten Villa des Plinius inspiriert.
Peruzzi genoß unter seinen Zeitgenossen einen hervorragenden Ruf. Der Ehrenplatz jedoch, den er in der römi-

Das äußere Erscheinungsbild der Villa war zur Zeit Agostino Chigis anders. Damals war sie mit Rillenputz verkleidet; die von Baldassare Peruzzi ausgeführten Malereien stellten Telamone und pflanzliche Elemente dar. Über dem schlicht gehaltenen Eingangsportal prangt eine Palmendekoration, die von einem auf zwei Konsolen gestützten, vorspringenden Gesims geschützt wird.
Ein schöner Fries mit Puttenpaaren und Girlanden schließt die Fassaden der Villa rundum nach oben ab.

schen Architektur des 16. Jahrhunderts unter seinen Zeitgenossen einnahm, ist heute kaum mehr erkennbar, da die von ihm bemalten Fassaden und die für die Feier bedeutender Ereignisse geschaffenen, vergänglichen Theaterdekorationen im Laufe der Jahrhunderte zerstört wurden. Nur alte Beschreibungen geben ein vollständiges und detailliertes Bild seiner Werke wieder.
Die berühmte, von Raffael und seiner Schule mit Fresken ausgemalte Loggia verbindet die zwei Flügel der von einem Garten umgebenen Villa. In der bukolischen Schlichtheit des Obstgartens wurden Feste gefeiert, die der Freigebigkeit eines Fürsten würdig waren. Im Empfangssaal im Erdgeschoß stellte der Sieneser Baumeister, dem jeglicher Bezug auf das Christentum fernlag, das Horoskop Agostino Chigis dar. Nach der Auslegung der neoplatonischen Überlieferung, die der berühmte Humanist Marsilio Ficino revidiert und berichtigt hatte, mischte der Künstler mit großem Geschick mythologische Figuren und Symbole der Tierkreiszeichen.
Wie ein Talisman hätte diese bemalte Decke Agostino Chigi, der nur noch „Il Magnifico“, der Prächtige, genannt wurde, schützen sollen, und zwar mit einer glückverheißenden Himmelskonfiguration, die die Konjunktion der Gestirne bei der Geburt des Bankiers, „nach der großartigsten Verherrlichung eines Individuums in der Hochrenaissance“ (Freedberg) darstellte. Die bedeutendsten Künstler der Renaissance trafen sich in den verschwiegenen Räumen dieses bezaubernden Refugiums, wo der kulturelle Ehrgeiz des Bankiers Alexanders VI. und Leos X. deutlich hervortrat. „Il Magnifico“ war der einzige,

der sich mit Papst Julius II. messen konnte, wenn es darum ging, die bekanntesten Künstler für seine Vorhaben zu gewinnen. Schon seit dem Jahre 1510 hatte er sich die Unterstützung Raffaels gesichert, der für ihn die Zeichnungen zweier (heute abhanden gekommener) Bronzeme-

Die berühmte Loggia liegt auf der Rückseite der Villa und öffnet sich zum weiträumigen, heute zum größten Teil verschwundenen Garten.
Raffael versammelte 1517 seine besten Schüler, um die Ausführung der *Amori di Psiche* (Liebesbeziehungen der Psyche) zu leiten. Giulio Romano, Giovanni da Udine, Francesco Penni und Raffaellino del Colle führten die Zeichnungen des Meisters aus.

daillons anfertigte. Um den Kopf des Riesen Polyphem zu malen, wurde im Jahre 1512 aus Venedig Sebastiano del Piombo eingeladen, ein Schüler Giovanni Bellinis. Der Künstler brachte die Neuerungen der großartigen venezianischen Malerei von Giorgione und dem jungen Tizian mit. Ein Jahr später malte Raffael im Auftrag des Bankiers ein Fresko mit der wunderschönen *Galatea*. Mit dieser genialen Komposition scheinbarer Schlichtheit schuf er einen Höhepunkt des Klassizismus - durch eine profane und mythologische Malerei, die meisterhaft die Kunst des Meisters verkörperte. In der Loggia versammelte Raffael im Jahre 1517 seine besten Schüler, um die Gemälde mit dem Märchen von Amor und Psyche zu leiten. Gäbe es eine reizendere Kulisse für die berühmten Liebeleien des Bankiers mit seinen Geliebten? Während Giulio Romano Fresken mit Figuren aus dem *Goldenen Esel* von Apuleius malte, schmückte Giovanni da Udine die Wände mit Blumen- und Fruchtgirlanden aus. Die explizit erotischen Bilder der Göttinnen und die sinnlichen Anspielungen in den eleganten Fruchtgirlanden zeugen von den losen Sitten, die in der ersten Hälfte des 16. Jahrhunderts herrschten. Aus der klassischen Welt übernahmen Raffael und seine Schüler die Groteskenmalerei im Stil der antiken römischen Räume. Die Girlanden, die Putten, die hellen Kandelaberornamente, die Füllhörner, die Stelen und die Blumen stellten die damalige Gesellschaft dar und trugen deren Luxus und unbekümmerte Lebensfreude zur Schau.

Für das erste Stockwerk entwarf Baldassare Peruzzi den Salone delle Prospettive (Saal der Perspektiven), von dem sich durch eine täuschend echt gemalte Kolonnade ein Panoramablick über die *Urbs* und die römische Landschaft eröffnete. Dieser nicht weniger bedeutende Bilderzyklus aus den Jahren 1515 und 1516

Die heidnische Sage der *Drei Grazien, die Psyche zuhören* von Apuleius wurde von Raffael malerisch inszeniert und von Giulio Romano ausgeführt. Mit der Ausmalung der mit Blumen und Früchten besteckten Girlanden wurde hingegen Giovanni da Udine betraut.

ermöglicht es, die unglaublichen dramaturgischen Fähigkeiten dieses vielseitigen Künstlers ins rechte Licht zu rücken. Das Schlafgemach daneben stellte die *Hochzeit von Alexander und Roxane* dar; die Fresken malte der Sieneser Sodoma.
Agostino Chigi führte bekanntlich ein ausschweifendes Leben. Nach dem Tode seiner ersten Frau und der berühmten Kurtisane Imperia lebte er sieben Jahre mit einer jungen Geliebten zusammen, die ihm fünf Kinder schenkte und die er nach Fertigstellung der aus Lukians Texten schöpfenden Fresken Sodomas heiratete.
Der Auftraggeber, selbst ein hervorragender Kenner der griechischen Literatur, grün-

Sebastiano del Piombo kam 1511 aus Venedig nach Rom. Er malte in der Villa Farnesina den *Riesen Polyphem*; neben seinem Werk entstand 1513 Raffaels *Galatea*, einer der Höhepunkte des Klassizismus in der Renaissance.
Die Decke des Saals der Planeten wurde von Baldassare Peruzzi nach einer von dem gelehrten Humanisten Marsilio Ficini wiederbelebten Tradition mit dem Horoskop Agostino Chigis ausgeschmückt; die glückverheißenden Planetenkonjunktionen bei der Geburt des Bankiers wurden in diesen Deckengemälden dargestellt. *Der Fall Phaetons* ist von Ovids *Metamorphosen* inspiriert.

dete eine Druckerei, die Texte griechischer Autoren druckte. „Du kannst in der Villa“, schrieb Leon Battista Alberti, „dem Tumult, der Unruhe, den Stürmen der Erde, des Platzes, des Palastes entfliehen. Du kannst dich verstekken, um die Diebereien, die Schandtaten und die überaus zahlreichen schlechten Menschen nicht zu sehen... Wie glücklich ist derjenige zu preisen, der in der Villa verweilen darf - einem Ort ungeahnter Wonne!“
Trotz der zentralen Rolle, die Agostino Chigi bei der Entstehung der Villa spielte, trägt sie heute den Namen des ruhmreichen Alessandro Farnese, der sie im Jahre 1580 erwarb. Der Kardinal ließ die Villa Farnesina, bzw. Chigiana, die allmählich verfallen war, wiederherstellen und die Fresken im Saal der Galatea vollenden. Gaspard Dughet malte in der neuen, von Claude Lorrain eingeführten Stilrichtung ländliche Szenen mit dekorativen römischen Landschaften. Heute besitzt die verunstaltete und verkleinerte, ihres herrlichen Gartens beraubte Villa nicht einmal mehr die sich zum Fluß hin öffnende Loggia, auf der „Il Magnifico“ zwischen Pflanzen und Obstbäumen seine berühmten Festgelage veranstaltete, bei denen das

Die mythologischen Szenen in den Friesen über dem Kamin und über den Türen wurden von Peruzzi und seinen Schülern gemalt.
In der ersten Etage leitete Peruzzi im Jahr 1517 die Ausschmückung des *Salone delle Prospettive* (Perspektivensaals). Er schuf eine täuschend echt gemalte Kolonnade mit verschiedenen – ebenfalls vorgetäuschten – Ausblicken auf Rom in jenem perspektivischen Illusionismus, den der Sieneser Künstler meisterhaft beherrschte. Er war sehr berühmt für seine Bühnenbilder und Theaterdekorationen, die nicht erhalten geblieben sind.

wertvolle Besteck nach der Mahlzeit in den Tiber geworfen wurde. Als Vertreter des reichen, gebildeten Bürgertums beabsichtigte Agostino Chigi, einen Ort zu schaffen, der sowohl eine Labsal für den Geist als auch für den Körper sein und fernab von jeder äußerlichen Machtprotzerei gelegen sein sollte. Seine Residenz konnte nun unübertroffen den von Leon Battista Alberti in „Vita in Villa" beschriebenen Wunsch nach beschaulichem Glück ausdrücken, das heute noch von diesem Ort ausgeht.

Das Schlafgemach Agostino Chigis ist mit Szenen aus der *Hochzeit Alexanders mit Roxane* und mit dem *den Bukephalos zähmenden junger Mazedonier* ausgeschmückt. Beide Bildthemen wurden von den Texten Lukians inspiriert.
Giovan Antonio Bazzi, Sodoma genannt, führte in den Jahren 1516-1518 diesen Bilderzyklus aus. So wird auch hier erneut die Leidenschaft Chigis für das Goldene Zeitalter der Antike deutlich, das wiederbelebt werden soll. Der zentrale Teil des Freskos, der die Zähmung des Bukephalos darstellt, scheint hingegen mit weniger Sorgfalt ausgeführt worden zu sein, so daß man annehmen könnte, daß diese Seite die Bettseite darstellte, die von einem Schüler des Meisters ausgeführt wurde.

Villa Madama

So ehrgeizig, wie die Pläne zur Errichtung der Villa Madama waren, so wechselhaft war das Schicksal, das dem Bauwerk beschieden war. Ebenso bewegt gestaltete sich der Lebensweg des Bauherrn Giulio de' Medici, der im Jahre 1523 unter dem Namen Clemens VII. den Stuhl Petri bestieg, nachdem er Kardinal am Hofe Leos X. gewesen war. Schon als junger Mann hatte er zum engen Gelehrtenkreis des großen Renaissancepapstes gehört. Er erlebte das Zerbröckeln der humanistischen Ideale und als dessen Höhepunkt im Jahre 1527 die zügellose Verwüstung Roms, den *Sacco di Roma*, durch die Landsknechte Karls V. Die Villa, die heute Villa Madama heißt und dazu ausersehen war, der Nachwelt die Macht und Herrlichkeit der Medici durch ein Bauwerk ohnegleichen zu überliefern, durfte nicht einmal ihren ursprünglichen Namen behalten. Giulio - ein Vetter Leos X. - trug sich schon in den goldenen Jahren seiner Jugendzeit mit dem Gedanken an die Villa. Raffael arbeitete den Plan als großartige Erzählung aus und entsprach damit voll den Wünschen des Kardinals, „einen Palast mit allen Annehmlichkeiten und allem

Die Villa, die Kardinal Giulio de' Medici 1518 von Raffael entwerfen ließ, blieb unvollendet und erfuhr in der Folgezeit starke Abwandlungen gegenüber dem ursprünglichen Bauplan des Meisters. Nach ihm übernahmen Giulio Romano und Antonio da Sangallo die Bauleitung. Den Eingang des rustikalen Gartens, der auf einen mit Büsten gesäumten Kiesweg führt, schließt ein elegantes Tor mit Tympanonbekrönung ab. Seitlich die *Giganten*, zwei Skulpturen von Baccio Bandinelli.

Komfort, mit Gemächern und Loggien, Fontänen, Wäldern und dergleichen zu erbauen" (Vasari). Doch sollte die Baugeschichte der Villa unter keinem guten Stern stehen, denn die Arbeiten wurden 1520, nach dem Tod des großen Meisters, abgebrochen, und der wechselvolle Verlauf der späteren Ereignisse beeinträchtigte ihr Aussehen erheblich. Als Raffael 1514 nach Bramante das Amt des ersten päpstlichen Architekten antrat, sah er sich durch die stark zunehmenden Aufträge gezwungen, auf die Mitarbeit seiner Schüler zurückzugreifen, zu denen auch Giulio Romano gehörte.
Die Bauarbeiten der Villa begannen in den letzten Monaten des Jahres 1518. Das ehrgeizige Projekt, das den höchsten, ausgereiften Gedanken Raffaels Ausdruck verleihen sollte, wurde jedoch nicht vollendet. In einem kürzlich wiederentdeckten Brief liefert Raffael eine ausführliche Beschreibung der gesamten Anlage. Sie sollte den Geist der von Plinius beschriebenen Villen des antiken Rom wiederaufleben lassen, die in den Köpfen der humanistischen Architekten ständig als Vorbild gegenwärtig waren. Raffael plante die Villa mit mehreren Abstufungen, die sich bis zum Fluß erstrecken und eine überwältigende Anlage erstehen lassen sollten. Ihre Weitläufigkeit und ihre Zimmerfluchten waren für prunkvolle Willkommensfeste zu Ehren der Gesandtschaften gedacht, die Rom über die Milviusbrücke erreichten, die bereits seit dem 1. Jahrhundert v. Chr. der Haupteingang zur Stadt war. Unten am Hippodrom sollten die Gäste des Kardinals empfangen werden, ein Freilichttheater, Fischteiche und Stallungen für vierhundert Pferde hätten Körper und Seele für chen Entwurf abwich. Die allgemeinen Grundzüge monumentaler Harmonie sowie die architektonischen Hinweise auf Bramante lassen keine Zweifel aufkommen, daß Raffael jedenfalls bei der *Vigna* der Löwenanteil gebührte. Eine Anzahl von Zeichnun-

Vergnügungen aller Art empfänglich gemacht. Manche Räume der Villa waren nur für den Winter vorgesehen, andere wiederum dazu angetan, in den „heißesten Stunden des Sommers" Kühle zu spenden, ganz nach dem Vorbild antiker Bauwerke, wie der Hadriansvilla und des Nymphäums von Tivoli, die Raffael wohlbekannt waren. Doch es fehlte nicht nur ein detaillierter Bauplan; im weiteren Verlauf der Baugeschichte kamen auch noch zahlreiche Änderungen dazu, so daß die Villenanlage schließlich stark von ihrem ursprüngli-

An der herrlichen Loggia offenbart sich die Mitwirkung Raffaels und seiner besten Schüler. Mit ihrer Unterteilung in drei von Tonnengewölben überspannte Bogenfelder ist sie geschickt nach klassischen, komplexen Harmoniebegriffen gegliedert und gilt als Krönung des architektonischen Schaffens von Raffael.

gen geben Auskunft über den ursprünglichen und später veränderten Entwurf. Raffael selbst legte den ebenfalls unvollendeten Fischteich an, der sehr wahrscheinlich mit einer reizvollen Kombination von Skulpturen und Wasserspielen in den miteinander verbundenen Brunnen prunkvoll hätte ausgestattet werden sollen. Die nach Raffaels Tod stokkenden Bauarbeiten wurden von seinen Schülern Antonio da Sangallo, Giovanni da Udine und Giulio Romano weitergeführt. Giovanni da Udine gestaltete die weißen Stuckdekorationen der Wände, die er an den „Antiken des Tituspalastes" studiert hatte. Eine Inschrift mit seinem Namen und dem Datumsvermerk 1525 zeugen von seiner Mitwirkung. Giulio Romano war anfangs als Nachfolger Raffaels für die Bauleitung vorgesehen. Er war von der Villa so begeistert, daß er sie - noch unvollendet und mit Gerüsten versehen - auf einem Fresko der Schlacht von Saxa Rubra in den Vatikanischen Gemächern darstellte. Er entschied sich dann für eher ausgefallene Lösungen, die im Beschauer ein Gefühl latenter Unsicherheit und Unbeständigkeit auslösen sollten und später im Hof des Palazzo Tè in Mantua gipfelten. Unverkennbar seine Handschrift tragen die Stuckarbeiten der Exedra und der zentralen Kuppel des nach ihm benannten großen Saales, der mit Amoretten, Girlanden, Kandelaberornamenten und geflügelten Siegesgöttinen ausgeschmückt ist.

Giulio de' Medici wies in einem Brief an Kardinal Maffei auf die von ihm bevorzugte Bildthematik der Maldekoration hin: heidnische, in leicht verständlichen Episoden vorgetragene Sagen. Giulio Romano ging auf das lebensfrohe Gemüt des Bauherrn ein und malte die Lünette mit dem berühmten Fresko des *Riesen Polyphem* aus, das auf Ovids Erzählungen Bezug nahm und sicher seinem Geschmack entsprach. Leider ist vom Riesen Polyphem, der mit kleinen Faunen spielt, wegen des schlech-

Die Dekoration der Loggia wurde von Giulio Romano und Giovanni da Udine höchstpersönlich ausgeführt. Die Stuckarbeiten, Malereien und Grotesken folgen einem Plan, der in seinen großen Zügen sicher Raffael zu verdanken ist. Die Mitte der Deckenwölbung zieren Stuckmedaillons der vier Jahreszeiten und ein Fresko mit mythologischen Szenen.

Das Deckengewölbe des großen Saals trägt in der Mitte das Kardinalswappen von Giulio de' Medici, umgeben von Darstellungen der Sonne und des Mondes. Um die Insignien des Kardinals ranken sich Ziermotive mit Elementen, die dem klassischen Repertoire entlehnt sind.

ten Erhaltungszustands nur noch wenig zu sehen. Weitere Dekorationen des Deckengewölbes wurden von Giovanni da Udine und Baldassare Peruzzi entworfen. Der vorher erwähnte Brief des Kardinals deutet auf häufige Unstimmigkeiten hin, die aufgrund der Arbeitsteilung entstanden waren, und nennt Giulio Romano und Giovanni da Udine „die zwei Verrückten". Auch Antonio da Sangallo d. J. beteiligte sich an den Arbeiten, wohl in der Funktion eines technischen Beraters, wie schon im Vatikan, wo er zum Gehilfen Raffaels ernannt worden war. Eine ganze Reihe von Vorstudien gehen auf ihn zurück, ebenso die Realisierung des mit Nischen geschmückten Rundhofes. Vermutlich entwarf er auch das Theater, das Bezüge auf Vitruv erkennen ließ.

Durch den Tod Leos X. kamen die Arbeiten erneut zum Stillstand. Kardinal Giulio de' Medici verließ Rom, bis er im November 1523 zum Papst gewählt wurde, widmete sich jedoch der Villa bei seiner Rückkehr erneut mit großer Begeisterung, wie Sanudo bestätigt, demzufolge er sich sogar am Tag seiner Wahl zu Pferde dorthin begeben hatte. Kurze Zeit später, beim *Sacco di Roma*, zerstörten die Söldner Karls V., die Clemens VII. an den Galgen bringen wollten, einen Großteil der Villa. Zum Glück blieb die herrliche Loggia verschont, deren monumentale Bogenfelder sich noch immer zum Garten hin öffnen. Der Papst überlebte das Komplott und schickte sich bald darauf an, zwei politisch kluge Ehen in die Wege zu leiten: Seine Nichte, Caterina de' Medici, vermählte sich mit dem zweiten Sohn des Königs von Frankreich, Alessandro de' Medici mit Margherita von Parma-Bourbon, einer unehelichen Tochter Kaiser Karls V. Von dieser jungen „Madama" erhielt die Villa ihren Namen, obschon sie so wenig zu deren Pracht beitrug, so daß der Bau, der im 16. Jahrhundert dazu ausersehen war, eine der gefeiertsten Villen Roms zu werden, zu einer einfachen Scheune verfiel, die als Abstellraum für landwirtschaftliche Geräte diente. Die unvollendete, verwüstete und restaurierte Villa ist heute nur mehr ein Schatten des ursprünglichen Bauvorhabens. Der Architekt Marcello Piacentini führte im 20. Jahrhundert umfangreiche Restaurierungsarbeiten durch, die sogar die ursprünglich vorgesehene Raumverteilung abänderten.

Der Fries von Giulio Romano in dem nach ihm benannten Saal neben der Loggia zeigt tanzende Mädchen mit Tieren und Amoretten. Das Deckengewölbe wird von einem konkaven Mäanderband eingefaßt, dessen Felder Szenen aus der Mythologie schildern.

Villa Giulia

Die Villa, die Papst Julius III. von Vignola erbauen ließ, erhob sich inmitten eines ausgedehnten Besitztums, dem sich der Papst mit viel Liebe und Sorgfalt widmete.
Die Abschlußmauer des Hofes ist mit eingelassenen Stuckarbeiten geschmückt. Eine Loggia führt zum Nymphäum, einem Werk von Ammannati, der den letzten Pilaster rechts mit seinem Namenszug versehen hat.

Kardinal Giovanni Maria del Monte wurde im Jubeljahr 1550 unter dem Namen Julius III. zum Papst gewählt. Ausschlaggebend dafür war des Kardinals absolute politische Treue, die er Karl V. und dem Reich stets erwiesen hatte. Mit seiner Erhebung auf den Stuhl Petri kam es zu einem Wiederaufleben der Renaissance, in dem erneut eine der Antike zugewandte, ästhetisierende Stilrichtung vorherrschte.
Er beschloß, eine unbestellte *Vigna* vor den Stadttoren in einen herrlichen Landsitz zu verwandeln, und setzte sich mit so großer Leidenschaft für dessen Planung ein, daß es dem Chronisten Panvinius schien, „als wäre der Papst verrückt nach diesen Gärten". Gegenstand der päpstlichen Bemühungen waren die Besitztümer der Familie, die sich zwischen dem Tiber und den Hängen des Monte Valentino immer weiter ausgedehnt und im Laufe der Zeit neben zahlreichen anderen *Vigne* auch die geweihte Grabstätte des heiligen Andreas einbezogen hatten. Mit den Launen des Bauherrn mußten sich gleich zu Beginn drei bekannte Architekten auseinandersetzen: Ammannati, Vasari und Vignola,

deren Wirken in einem nur schwer zu überschauenden Wechsel der Entwürfe ineinandergriff. Sogar Michelangelo wird in einer florentinischen Urkunde erwähnt, derzufolge „ohne den Rat Buonarrotis nichts unternommen wurde". Vasari rühmt sich zwar, den ganzen Plan entworfen zu haben, räumt jedoch ein, die Ausführung sei anderen zuzuschreiben. De facto wurde die Bauleitung Prospero Fontana übertragen, den der damalige Kardinal del Monte im Jahre 1534 als päpstlicher Gesandter in Bologna kennengelernt hatte. Bereits 1539 erwähnte er zwar die Notwendigkeit einer landwirtschaftlichen Nutzung seines Besitzes, im gleichen Zug indessen auch das intellektuelle Vergnügen, das ihm aus dem Entstehen einer zur Zerstreuung idealen Stätte erwuchs. Das Fehlen eines einheitlichen Entwurfs und die abwechselnden Tätigkeiten verschiedener Architekten lassen die Baugeschichte der Villa nur schwerlich nachvollziehen. Es ist aber bekannt, daß Vignola zum bevorzugten Architekten Julius' III. aufrückte. Er war es, der mit dem Bau eines eher schlichten, streng wirkenden Palazzetto begann, hinter dessen Kulissen sich jedoch die Pracht eines Hofstaates verbarg. In der Zeit, in der die Gebote des Konzils von Trient eine neue Strenge auferlegten, plante Julius III. als später Sohn einer nur langsam ausklingenden Renaissance, sich mit irdischen Freuden zu umgeben, die in einem prunkvollen Landsitz Gestalt annehmen sollten. Dieser nahm ihn denn auch im Laufe der Zeit weit mehr in Anspruch als sein Stadtpalast in der Nähe des Marsfeldes. So verging kaum ein Tag, an dem er nicht antike Statuen für die Villa erworben hätte, deren Bauarbeiten in nur zwei Jahren bis zur Fertigstellung gediehen.

Die Außenansicht hielt sich, ganz den Zeiten entsprechend, an das Gebot der Strenge, während die Gäste sich in den reich und phantasievoll ausgestatteten Innenräumen dem Prunk alter Zeiten gegenübersahen, der sich hinter der hohen Mauer des *hortus conclusus* verbarg. Hier wurden, fern von den Augen der Außenwelt und für diese unzugänglich, die Schauspiele einer großen Leidenschaft für die Antike gefeiert. Der erste, von einem großen Halbkreis umschlossene Innenhof führte zu einer originellen Raumgestaltung im Hauptgebäude der Villa. Die Fresken des Erdgeschosses gehen auf die berühmte Werkstatt des Taddeo Zuccari zurück. Den Saal der Sieben Hügel malte Zuccari nach der damals aufkommenden

Das wie eine Bühne angelegte Nymphäum wirkte mit seinen Brunnen wie ein „Wassertheater". Es war mit antikem Marmor, fein ziseliertem Metall und verschwenderisch mit Statuen geschmückt, die Julius III. mit großer Leidenschaft sammelte. Der zweigeschossige Bau wurde von Ammannati entworfen. Die Loggien werden von Hermen-Karyatiden gestützt, die Statuen im Hintergrund stellen Flußgötter dar.

Folgende Seiten: Die gesamte malerische Ausgestaltung der Villa war der Leitung der Brüder Federico und Taddeo Zuccari und deren Werkstatt anvertraut, die die Deckengewölbe und Friese mit mythologischen Figuren schmückten und die Loggia im Halbrund des Portikus durch das grüne Rankenwerk der Deckenmalereien gleichsam in eine Laube verwandelten.

Mode mit Landschaftsszenen aus, während die Dekoration allgemein von einem erlesenen Raffaelismus und Elementen klassizistischen Einschlags geprägt ist. Im Obergeschoß im Zimmer der Vier Jahreszeiten und im Zimmer der Freien Künste läßt sich die Pinselführung der einzelnen Künstler aufgrund der einheitlichen malerischen Eleganz nur schwer identifizieren; insgesamt sind die Malereien aber vermutlich dem Kreis der Gebrüder Zuccari zuzuschreiben, den bedeutendsten Nachfolgern der von Perin del Vaga verbreiteten Dekorationskunst. Ein zweiter Hof führte von der Villa zu dem von Ammannati entworfenen Nymphäum, das wie ein Theater bzw. wie eine heitere, lebendige Kulisse wirkt. Ursprünglich war es mit kostbarem Marmor, fein ziseliertem Metall und verschwenderisch mit Gold- und Stuck ausgeschmückt. Das Nymphäum reichte bis zur tieferliegenden Grotte hinab und verwandelte sich hier in ein ungemein reizvolles *Wassertheater*. Es bildete den Mittelpunkt der Villa und war von Anfang an vorgesehen gewesen, wie eine Urkunde aus dem Jahre 1552 nachweist, in der die Rede davon ist, daß dem Papst ein Brunnenmodell präsentiert wurde. Um die elegante Anlage mit Wasser zu versorgen, gab Julius III. ein imposantes Projekt für die Zuleitung der *Acqua Vergine* bis in die Villa in Auftrag. Ende 1553 war die Loggia des Nymphäums fertiggestellt. Im gleichen Jahr

wurde Vasari beauftragt, die Skizzen für die mythologischen Szenen der Wanddekoration anzufertigen. Die Außenansicht des Komplexes, die sich heute darbietet, ist durch die schwerwiegenden Restaurierungseingriffe des 18. Jahrhunderts stark in Mitleidenschaft gezogen worden. Der Papst kümmerte sich persönlich um die vielfältigen Aspekte des Entwurfs, suchte Pflanzen und Obstbäume aus und schuf selbst jenes irdische Paradies, das seine Aufmerksamkeit mehr als alles andere auf sich zog, so daß die Besessenheit, die er für jedes Detail verwendete, bald an die Öffentlichkeit drang. Innerhalb von fünf Jahren nahm das immense Besitztum Gestalt an, das von alters her alle Hügel von der Aurelianischen Mauer bis zur Milviusbrücke einbezog. Kleinere Bauten, die nicht mehr erhalten sind, waren darin verstreut. Der kleine Tempel von Vignola, der heute fast von der Via Flaminia gestreift wird, stand einst in einem lieblichen Lorbeerhain. In der Nähe erhoben sich drei Villen. Ein weit angelegter Garten mit Ausgrabungsfunden und antiken Inschriftentafeln umgab das Hauptgebäude. Schattenspendende Plätze im Park luden zur Rast oder zu Tafelfreuden ein. Ammannati zitiert in seinen Schriften „grün umrankte und behagliche Loggien". Als jähzorniger Mann, der kein Blatt vor den Mund nahm, zog sich Julius III. die Feindschaft vieler zu, die nach seinem Tod im Jahre 1555 die von ihm so geliebte Villa der Ausplünderung und *damnatio memoriae* preisgaben. Der Landsitz des Papstes wurde seiner Ausstattung beraubt, die Vogelhäuser wurden geschlossen, die Statuen entwendet, das Wasser der Brunnen versiegte. Im Laufe der Jahrhunderte wurde sie zu einem Abstellraum für landwirtschaftliche Geräte. Heute ist die Villa als Sitz des Etruskischen Museums für Besucher geöffnet. Die Villa, die in der zweiten Hälfte des 16. Jahrhunderts die bedeutendste ihrer Zeit war, ist dank der Restaurierung jener Teile, die die Verwüstungen überdauert haben, wieder zu Würde und Ansehen gelangt, wenngleich das heute sichtbare Bauwerk nichts mehr von der Pracht des grandiosen Projekts ihres Architekten vorzuweisen hat.

In der Villa befindet sich heute das Museo Nazionale di Villa Giulia, das reiche Antikensammlungen, vor allem aus vorrömischer Zeit, sowie eine bemerkenswerte Sammlung etruskischer Ausgrabungsfunde enthält.

Villa Medici

Die Villa Medici war von Anfang an als prächtige Residenz gedacht, die verzaubern und verblüffen sollte. Der reiche, mächtige Kardinal Giovanni Ricci aus Montepulciano in der Toskana plante, mit diesem Bauwerk ein Gebiet mit jahrhundertealter Geschichte zu neuer Pracht und Lebensfreude wiedererstehen zu lassen, und brachte antike Skulpturen, Papageien, Sklaven und Mohren dorthin. Mit ihm kehrten die alten, glücklichen Zeiten der Villa des Lucullus zurück, die im Laufe der Jahrhunderte zu einem brachliegenden, unbewohnten Grundstück verfallen war. Auf einer Zeichnung von Pirro Ligorio ist ihre ganze Pracht zu sehen. Die Villa des Lucullus, ein luxuriöser Terrassenbau, lag an den Hängen des Pincio, wo sich heute die Trinità dei Monti befindet. Nur spärliche Reste der einst imposanten Anlage sind noch im Kellergeschoß des Klosters zu erkennen. Der Kardinal hatte dort von der Familie Crescenzi ein bescheidenes kleines Haus erworben und rief seinen Architekten Nanni di Baccio Bigio zu sich, der bereits für ihn in den Vatikanischen Gemächern und im Palazzo der Via Giulia tätig

Die Gartenfassade der Villa Medici, im Auftrag des mächtigen, feinsinnigen Kardinals Giovanni Ricci aus Montepulciano erbaut, ist ein Werk von Annibale Lippi. Sie ist überaus üppig mit Ausgrabungsfunden geschmückt, die ins Mauerwerk eingelassen sind, und zeugt von der großen Leidenschaft des Bauherrn für die Antike. Die Fassade, mit einer Serliana-Loggia in der Mitte, flankieren zwei von kleinen Türmen überragte Vorbauten. Die verschwenderische Ausstattung mit Gedenksteinen, Büsten und Reliefs ging der Villa Borghese voraus, die ebenfalls mit vielen Gemälden ausgeschmückt wurde. Seitlich der Fenster befindet sich links ein neoattisches Fragment aus dem 1. Jahrhundert v. Chr. mit *Diana und Apoll*, rechts eine kniende allegorische Figur neben einem geflügelten Amor.

gewesen war. Aus Florenz gebürtig, war der Architekt ein Anhänger der Tradition von Sangallo und besaß zudem bedeutende technische Fachkenntnisse. Nach seinem Tod – er starb 1568, ohne die Arbeiten beendet zu haben – wurde Giacomo Della Porta zum Bauleiter bestellt. Er war ein Schüler Michelangelos und bereits durch eine große Anzahl von Kirchen und Brunnen, die Rom das Stadtbild des 16. Jahrhunderts aufgeprägt hatten, zu Ansehen und Ehren gelangt. Daß die Loggia sicher sein Werk ist, verraten die Kapitelle, die er mit Michelangelo zusammen in gleicher Art auch für den Konservatorenpalast ausgeführt hat. Der Kardinal vergrößerte indessen durch den Ankauf angrenzender Grundstücke den Garten, in dem herrliche Ausgrabungsfunde aufgestellt werden sollten, darunter die Basreliefs der Ara Pacis, die sich hier zwei Jahrhunderte lang befanden. Kurz nach Giovanni Riccis Tod im Jahre 1574 ging die Villa in den Besitz des damals wohl reichsten Kardinals, Ferdinando de' Medici, über, des fünften Sohnes des Großherzogs von Toscana, Cosimo I. Um den zentralen Baukörper umzubauen, wurde Bartolomeo Ammannati, der offizielle Architekt der Medici, hinzugezogen. Zugleich sollte er den Garten verschönern sowie die Residenz rundum prächtiger und eleganter gestalten. Wie alle Mächtigen seiner Zeit war auch Ferdinando ein leidenschaftlicher Anhänger der

Beiderseits der schönen doppelarmigen Eingangstreppe befanden sich einst zwei Löwen, einer aus römischer Zeit, der andere von Flaminio Vacca, die später durch Marmorkopien ersetzt wurden. Eine Replik des *Merkur* von Giambologna erinnert an die großartige Skulpturensammlung, die in der Villa untergebracht war und im Laufe des 18. Jahrhunderts vom damaligen Besitzer, dem Großherzog Cosimo III., nach Florenz gebracht und in der Loggia der Lanzi ausgestellt wurde.

Jagd, des Spiels und der Antike. Seine Wappen prangte über der großen Serliana, die der Loggia ein majestätisches Aussehen verlieh.
Auf die gleiche Zeit geht die lange Galerie zurück, in der des Kardinals reiche Sammlung antiker Statuen aufgestellt war, die er im Wettstreit mit den Farnese und den Este zusammentrug. Ferdinando gelang es, die nach den päpstlichen Sammlungen schönste Gruppe von Büsten und Basreliefs der Stadt für sich zusammenzutragen. Er erwarb die Sammlung der Familie Del Bufalo und die noch bedeutendere der Familie Della Valle. Zusammen gehören sie heute zum archäologischen Bestand der Uffizien. Der Garten erhielt bei diesem Anlaß die prachtvolle Gestaltung, die noch heute zu bewundern ist. Ammannati entwarf ferner die schöne Wendeltreppe und baute die Vorhalle im Erdgeschoß zu einem monumentalen Eingang aus. Der große Saal vor der Loggia wurde mit antiken Säulen aus mehrfarbigem Marmor und Skulpturengruppen ausgestattet; darunter waren u. a. die berühmte Vase der Medici, die *Sabinerinnen* des Trajansforums, die *Venus* der Uffizien, die *Dazier* und der *Scherenschleifer*. Der Malerei war der Kardinal ebenso zugetan. Zu seiner Sammlung gehörten Raffaels *Sitzende Madonna* und zahlreiche Gemälde von Andrea del Sarto, Pontormo, Salviati und vielen anderen.
Auf einem der alten Türme der Aurelianischen Mauern

Auf den Garten der Villa verwandte Kardinal Ricci aus Montepulciano besondere Sorgfalt. Er stattete ihn reich mit antiken Statuen und erlesenen Pflanzen aus. Auch Papageien und andere exotische Kuriositäten sollten dazu beitragen, die Atmosphäre der Villa von Lucullus erstehen zu lassen, die sich früher hier befand.

In die Wände der großen gewölbten Vorhalle bei der Loggia sind Nischen eingelassen, die früher einen Teil der kostbaren Skulpturen enthielten. Die Fenster über den Türen erhellen das Vestibül. Zwei weitere kleine Öffnungen sind im Gesims ausgespart, das von dekorierten Pilastern und ionischen Kapitellen getragen wird. Die Prunktreppe der Villa gegenüber dem Haupteingang teilt sich in Wendelrampen.

pflegte sich der Kardinal heimlich mit seiner Geliebten, Clelia Farnese, zu treffen. Da ja damals die freizügigen Sitten der ausgehenden Renaissance allmählich von den strengen Geboten der Gegenreform verdrängt wurden, richtete sich Ferdinando, der indiskreten Blicken entgehen wollte, hier einen kleinen Pavillon ein, dessen Deckengewölbe Jacopo Zucchi mit Fresken aus Rankenwerk, Pflanzen und Tieren ausmalte. Vor dem Fenster breitete sich die römische *campagna* aus. Die mit zahlreichen Vogelmotiven bemalte Laube bot Schutz und zugleich Raum für heitere Tändeleien. Der Kardinal war sich sicherlich darüber im klaren, daß er die Richtlinien des Konzils von Trient umgehen mußte. Denn auch die Sammlerleidenschaft für Antiken war unter Papst Pius V. nicht mehr gerne gesehen. Wer sich daran erfreute, Werke aus heidnischer Zeit zu erstehen, fiel unangenehm auf und wurde mißbilligt. Ferdinando de' Medici gehör-

te noch der Welt der Renaissance an, die langsam ihrem Ende zuging. Der Biograph des Kardinals, Pietro Usibaldi, schreibt, daß ihm „eine Neigung zum Laster gewiß nicht abzusprechen war", erinnert dann jedoch einlenkend an seine Liebe zur Natur. In dieser Hinsicht kam Ferdinand den Neigungen seines Vaters Cosimo I. nach, dem die botanischen Gärten von Pisa und Florenz zu verdanken sind. Wie in den Fresken von Zucchi gab es auch in der Villa Medici eine Fülle von seltenen Pflanzen und ausgefallenen Tieren – Strauße, sogar einen Tiger und einen Löwen; auf einem Platz lag ein Bär an der Kette. Als Ferdinando als Erbe des Hauses de' Medici im Jahre 1587 in den Stand eines Großherzogs erhoben wurde, verließ er Rom und begab sich nach Florenz, wo seine Vermählung mit Christine von Lothringen, einer Enkelin der Königin Katherina von Frankreich, gefeiert wurde. Die Villa wurde allmählich vernachlässigt; Ferdinandos Nachfolger brachten wenig Interesse dafür auf. Ferdinandos Sohn, Kardinal Carlo de' Medici, zog seine Residenz in Florenz vor. Im Laufe des 17. Jahrhunderts beschränkten sich die Arbeiten auf das Notwendigste. Dunkle Jahre setzten ein, die unter Großherzog Cosimo III. im Abtransport der Gemälde in den Palazzo Pitti nach Florenz gipfelten. Cosimo III. trug sich sogar mit dem Gedanken, die herrliche Loggia zu entfernen und durch ei-

Der kleine Pavillon wurde vom toskanischen Maler Jacopo Zucchi mit Pflanzen- und Tiermotiven ausgemalt. Im Garten der Villa waren viele für damalige Zeiten ungewöhnliche Pflanzen zu finden. Es gab darin auch exotische Tiere, einen Tiger, einen Löwen, einen an der Kette liegenden Bären und eine Vielzahl von exotischen Vögeln (darunter sogar Strauße).

nen geschlossenen Saal zu ersetzen. Glücklicherweise wurde dieses Vorhaben nicht verwirklicht. Giangastone, der letzte Nachkomme des Geschlechts, ließ die Villa sanieren. Bei seinem Tod ging sie in den Besitz des Hauses Lothringen über. Die archäologische Sammlung war bereits 1770 nach Florenz überführt worden. Als die französische Akademie ihren Sitz vom Palazzo Mancini am Corso auf den Pincio verlegte, erlebte die prachtvolle Residenz eine neue Blütezeit. Unter der Herrschaft Ludwigs XIV. bemühte man sich immer weniger um italienische Künstler. Die Vorzugsstellung, die diese an den Höfen Europas genossen hatten, geriet ins Wanken. Als Beispiel dafür ist wohl die Ablehnung von Berninis Entwürfen für die Neugestaltung der Louvre-Fassade in Paris die bedeutendste Episode. Während die französischen Künstler eine immer sicherere Stellung gewannen, nahm die Abneigung gegen die italienische Malerei zu. Aufgrund dieser Tendenz wurde mit der Zustimmung des Sonnenkönigs die französische Kunstakademie in Rom gegründet, die den Künstlern Frankreichs die Möglichkeit zum Studium der Antike geben sollte - ein Privileg, das man nicht allein ihren italienischen Kollegen überlassen wollte. Auch die Dekoration von Versailles wurde nicht zufällig nur Malern jenseits der Alpen übertragen. Colbert, Le Brun und Bernini gaben der Akademie den

Das Türkische Zimmer wurde im dritten Jahrzehnt des 19. Jahrhunderts unter Horace Vernet, dem damaligen Leiter der Akademie, dekoriert. Es ist ganz mit Majoliken im maurischen Stil ausgekleidet, das Deckengewölbe mit geometrischen Motiven im arabischen Stil ausgemalt. In der Nachkriegszeit versah der Maler Balthus - damals Schüler der Französischen Akademie - die Wände neu aus.

ersten Impuls. Junge Künstler, die den „Prix de Rome“ gewonnen hatten, wurden mit einem Studienaufenthalt in Rom belohnt. Ein Stipendium versetzte sie in die glückliche Lage, Kopien von Skulpturen und Gemälden herstellen zu können, ohne private Sorgen zu haben. Die Revolution behinderte die Tätigkeit dieser Institution. Es kam damals im Sitz der Akademie im Palazzo Mancini am Corso zu Plünderungen und Übergriffen junger Gegenrevolutionäre.

In der Zeit des Konsulats nahm die Akademie ihre Tätigkeit wieder auf, und man beschloß, sie in die Villa Medici auf den Pincio zu verlegen. Mit dem Umzug begann eine prestigereiche Periode für die Akademie. Ateliers und Unterkünfte wurden im Garten errichtet, und die bisherigen Unterrichtsfächer wurden durch andere, wie Musik und Gravierkunst, weiter ergänzt. Im 19. Jahrhundert hielten sich unter anderen die Maler Ingres, Flandrin, Cabanel, die Bildhauer Carpeaux, David d’Angers und die Komponisten Berlioz, Massenet, Charpentier und Debussy in der Villa Medici auf. Nach dem Zweiten Weltkrieg erlebte die Akademie dank der Unterstützung des französischen Kulturministers André Malraux eine sehr fruchtbare Zeit. Ein Projekt wurde verabschiedet, das der Villa wieder das Aussehen zurückgab, das sie im 16. Jahrhundert hatte. Dazu trug auch die Verschönerung mit einer Anzahl von Kopien der antiken Statuen bei, die einst die Loggia und den Garten geschmückt hatten. Die Ernennung des Malers Balthus zum Generaldirektor brachte neue Initiativen mit sich: die Förderung von Film und Photographie sowie die Veranstaltung von Ausstellungen und Konzerten. Seitdem lebt in der Villa Medici der Geist der Renaissance durch die Förderung der Kunst sowie die Liebe zu ihr – ganz im Sinne der ersten Besitzer, Giovanni Ricci da Montepulciano und Ferdinando de’ Medici – wieder auf.

Die schön ausgearbeitete Decke im Zimmer der Musen zeigt in der Mitte Terpsichore, Jupiter und Minerva, ein Gemälde von Jacopo Zucchi.
Es entstand um 1580 im Rahmen eines für Ferdinando de’ Medici hergestellten Bilderzyklus, in dem astrologische, mythologische und esoterische Sinnbilder auf die politischen Ambitionen des jungen Kardinals hinwiesen, der zu jener Zeit heftige dynastische Kämpfe auszutragen hatte.

IOVE

Villa Borghese

Als Camillo Borghese, Angehöriger einer aus Siena stammenden römischen Adelsfamilie, mit dem Namen Paul V. auf den Stuhl Petri gewählt wurde, brach für die Schirmherrschaft der Kunst ein neues Zeitalter an, das von Lebensfreude und Großzügigkeit geprägt war. Gemeinsam mit seinen Brüdern hatte Camillo eine alte *Vigna* am Muro Torto geerbt und machte sich nun daran, durch Ankauf weiterer umliegender Ländereien einen Park anzulegen, der noch heute an Monumentalität und Ausdehnung in Rom nicht seinesgleichen hat. Flaminio Ponzio (1560-1613) wurde mit dem Entwurf für das „Casino Borghese" betraut, in dem der Papst und sein ehrgeiziger Neffe Scipione Caffarelli Borghese prunkvolle Feste zu feiern gedachten. Jan van Santen - Vasanzio genannt -, ein Günstling der Familie und Baumeister des Palazzo Pallavicini Rospigliosi am Hang des Quirinalshügels, erhielt den Auftrag, das riesige brachliegende Grundstück in einen Lustgarten mit Statuen und Nischen zu verwandeln. Als Vasanzio nach Ponzios Tod im Jahre 1613 die Bauleitung übernahm, waren die Arbeiten an dem kleinen

Das Vogelhaus (Casino dell'Uccelliera) wurde 1617 nach einem Entwurf von Girolamo Rainaldi errichtet und erst 1619, als der in Venedig bestellte Kupferdraht bezahlt war, fertiggestellt. Der Entwurf für das Haus der Sonnenuhr (Palazzina della Meridiana) geht gleichfalls auf Rainaldi zurück, dem es aber nicht vergönnt war, es auch zu erbauen. Es wurde 1688 von Tommaso Mattei errichtet und von Pietro Valeri ausgeschmückt, der die Sonnenuhr über dem südlichen Tor anbrachte.

rechteckigen Casino bereits fortgeschritten, die Türme jedoch noch unvollendet. Vasanzio stattete die Außenfassade mit einem reichen Schmuck an archäologischen Fundstücken aus, die Kardinal Scipione sammelte, um jedem Besucher die Bestimmung des Gebäudes als Privatmuseum vor Augen zu führen. Den beiden mächtigen Bauherren lag vor allem daran, einen würdigen Aufbewahrungsort für die herrliche Antikensammlung zu finden, die sie mit großem Eifer vergrößerten. Die an der Fassade angebrachten, mit Stuckarbeiten eingefaßten Skulpturen gehen auf einen Brauch zurück, der bereits am Palazzo Mattei di Giove und an der Villa Medici angewandt worden war. 70 Büsten, 43 Statuen und 144 Basreliefs wurden angebracht, wie ein Gemälde von Johan Wilhelm Bauer aus dem Jahre 1636 zeigt, das in der Galleria Borghese zu sehen ist. Jeder Saal wurde nach dem kostbarsten Werk benannt, das er enthielt. Bei Vasanzios Tod im Jahre 1621 waren die Arbeiten weitge-

Scipione Borghese beauftragte Giovanni Lanfranco mit dem Deckenfresko *Götterrat um Zeus* (1624-75) in der Loggia im Obergeschoß des Casinos. Das Werk des Malers blieb unvollendet. 1782 wurde Domenico Corvi beauftragt, es fertigzustellen.
Antonello da Messina, *Bildnis eines Mannes*, um1474/75 *(rechte Seite)*.

hend abgeschlossen. Als Baumeister trat nun Girolamo Rainaldi an seine Stelle. Gleichzeitig wurde dem bekannten Gartenkünstler Domenico Savino aus Montepulciano die Gestaltung der Gartenanlagen anvertraut. Rainaldi entwarf das zweite Vogelhaus mit spitz zulaufendem Dach aus Kupferdraht nach dem Vorbild des ersten, sowie zwei Theater, die heute weitgehend zerstört sind. Von Anfang an beherbergte das Casino Borghese die Antikensammlung, die Scipione durch Erwerb der Sammlungen von Celio Ceoli und Giovanni Battista Della Porta aufgebaut hatte. Leider blieb davon nichts in der Villa, denn als sich die Familie Borghese mit Napoleon verschwägerte, trat sie im Jahre 1807 den sogenannten „Kernbestand Borghese" an Frankreich ab. Die auf Wunsch von Scipione erbaute Villa erfuhr im 18. Jahrhundert drastische Veränderungen. Notarielle Schriftstücke, zeitgenössische Radierungen und die Beschreibungen des Kämmerers Manilli haben jedoch ermöglicht, das ursprüngliche Schema genau nachzuvollziehen. Das ausgedehnte Grundstück war in drei Partien unterteilt worden. Zwei davon wurden zu einem bewaldeten Garten und die dritte zur landwirtschaftlichen Nutzung verwendet. Die erste war in großen geometrischen Flächen angelegt, gesäumt von Wegen und Buchsbaumeinfassungen, die kunstvoll nach antikem Vorbild zurechtgestutzt wurden. Die zweite Partie, bekannt als „*Giardino Segreto*" (Geheimer Garten), war für die Blumenzucht bestimmt. Hier standen die Vogelhäuser, der Kaninchenstall und das Gehege der Damhirsche. Die zahlreichen im Park verstreuten Brunnen wurden von der Acqua Felice gespeist, die Paul V. der Villa im Jahre 1617 bewilligt hatte. Der Architekt Flaminio Ponzio hatte auch den Plan des großen italienischen Gartens selbst entworfen. Die berühmte Gemäldesammlung, die das Museum heute birgt, geht ebenfalls auf

Die römische Statue aus antoninischer Zeit stellt einen *Jüngling mit Delphin* dar und zierte vermutlich früher einen Brunnen.

Pauline Borghese wurde von Antonio Canova in liegender Pose, nur vom Faltenwurf ihres Gewandes bedeckt, als siegreiche Venus dargestellt, die den Apfel der Zwietracht in der Hand hält. Im Hintergrund eine perspektivische Vedute von G. B. Marchetti.

LIV

die ersten Jahre des 17. Jahrhunderts zurück. Camillo und Scipione verwendeten einen ansehnlichen Teil ihres ungeheuren Vermögens für den Bau von Kapellen und Monumenten. In zahlreichen Archivbänden sind die Ausgaben dokumentiert, die der

korpulente Kardinal für den Hauptbestand der Sammlung bestritten hat.
Auf den Neffen des Papstes, der bekannt war für sein nur „durchschnittliches Wissen und einen dem Vergnügen und Zeitvertreib frönenden Lebenswandel", übten jedoch Kunstwerke eine große Anziehungskraft aus. Er ging soweit, diese auch mit Gewalt in seinen Besitz zu bringen. Wenn sie nicht käuflich waren, beschlagnahmte er sie kurzerhand. Auf diese Weise gelang es ihm, dem unglückseligen Cavalier d'Arpino, der nach dem Tode seines Gönners, Papst Clemens VII.,

Tizians *Die Himmlische und die Irdische Liebe* aus dem Jahre 1514. Das Werk wurde vom Maler für Nicolò Aurelio geschaffen, den Sekretär des Großen Rates der Zehn in Venedig.
Raffael, *Die Grablegung* (1507). Das von Atalanta Baglioni zum Gedächtnis an seinen verstorbenen Sohn in Auftrag gegebene Bild wurde 1608 auf Befehl von Scipione Borghese aus der Kirche in Perugia, wo es aufbewahrt wurde, entwendet, was einen Volksaufstand zur Folge hatte.

LXXVII

in Ungnade gefallen war, ganze 105 Leinwandgemälde zu konfiszieren. Raffaels berühmte *Grablegung* wurde bei Nacht und Nebel aus der Kirche San Francesco in Perugia entwendet. Die Heirat von Olimpia Aldobrandini mit Paolo Borghese führte der Familie weitere bemerkenswerte Kunstwerke zu. Ende des 17. Jahrhunderts war der damals noch unangetastete Bestand unermeßlich groß. Nach Scipiones Tod im Jahre 1633 überschrieb der Nachlaßverwalter dessen Vetter Marcantonio II. den gesamten Besitz. In jene Jahre fällt die endgültige Fertigstellung des kleinen Palastes, wie aus einem Gemälde von Bauer hervorgeht, auf dem eine doppelte, bühnenartig angelegte Freitreppe zu sehen ist, die im 18. Jahrhundert entfernt wurde. In der Folgezeit kamen die Arbeiten zum Stillstand, da das Interesse des Familienzweigs Aldobrandini hauptsächlich den Ländereien und den Pferden galt. Dieser künstlerische Niedergang endete zwei Jahrhunderte später unter Marcantonio IV. Unter der Leitung von Antonio Asprucci wurden die Arbeiten erneut in Angriff genommen, die Innendekoration der Villa drastisch verändert und ihr heutiges Erscheinungsbild geschaffen.
Die Epoche des ausgehenden 18. Jahrhunderts, in der die archäologischen Entdekkungen und der neoklassische Stil triumphierten, als dessen Höhepunkt Canovas sublime *Paolina Borghese* anzusehen ist, gab auch den

Vorhergehende Doppelseite
Der *David* von Gian Lorenzo Bernini entstand im Jahre 1619 als Jugendwerk des Bildhauers, der sich in diesem David selbst dargestellt hat.
Der Raub der Proserpina, ein weiteres Jugendwerk Berninis, stellt den Mythos der Proserpina dar, die von Pluto zusammen mit dem dreiköpfigen Hund Cerberus in die Unterwelt entführt wird.

Dosso Dossi, *Die Zauberin Circe oder Melissa* (1525). Das Gemälde kam vermutlich durch Enzo Bentivoglio, der dem Neffen des Papstes im Jahre 1608 verschiedene ferraresische Gemälde geschickt hatte, in Scipiones Besitz.
Die Skulpturengruppe *Äneas und Anchises* stammt von Pietro Bernini, dem Vater von Gian Lorenzo.

Der Ägyptische Saal ist nach der herrlichen Skulpturensammlung, die sich heute im Louvre befindet und hier bis zu den Plünderungen Napoleons aufbewahrt wurde, sowie nach den der Geschichte des alten Ägypten entlehnten Wanddekorationen von G. B. Marchetti und Tommaso Conca benannt.

Gemächern des Casinos eine neue Gestalt. Die aufsehenerregende Entdeckung von Pompeji und Herculaneum war bestimmend für die ästhetischen Regeln einer kühlen, kristallinen Schönheit, die Goethe zum Ausruf bewog, daß wohl keine andere Katastrophe der Weltgeschichte den Nachkommen soviel Freude gemacht hätte wie der Untergang dieser beiden Städte. Jeder Saal erhielt eine besondere Physiognomie, angefangen vom Eingangssaal, den Mariano de' Rossi mit den Heldentaten des Marcus Furius Camillus ausmalte (1774), und dem anschließenden Saal der zwölf Kaiser, der ganz mit kostbarem Marmor ausgekleidet und mit Porphyrbüsten geschmückt ist.

Marcantonio Borghese ließ von der alten Dekoration des 17. Jahrhunderts lediglich die Loggia von Lanfranco unangetastet; sie wurde jedoch gleichfalls zu einem geschlossenen Saal umgebaut und in den Lünetten mit neuen Fresken von Corvi vervollständigt. Gavin Hamilton, Felice Giani, Marchetti, Unterberger, De Maron, De Angelis und Pacetti renovierten die Villa von Grund auf. Sogar die Einrichtung wurde ausgelagert, die Wandverkleidung aus Leder abgenommen und die Kamine aus Peperin wurden durch kostbaren Marmor ersetzt. Bei Marcantonios Tod erbte Paolinas Ehegatte Camillo Borghese die Villa. Nach wiederholten Drohungen gelang es dem Kaiser im Jahre 1807, seinen Schwager zum Verkauf der Marmordekorationen der Villa zu nötigen. 523 Werke, darunter der *Gladiator*, die Kolossalköpfe von *Antinoos*, *Marc Aurel* und *Lucius Verus* und der *Hermaphrodit,* verließen die Villa

Die Eingangshalle verdankt ihre großartige Wirkung der prächtigen Dekoration und den antiken Statuen. In der Mitte des Fußbodens ein Mosaik, das bei Ausgrabungen im Landgut von Terranova gefunden wurde. Die Dekoration im Stil des ausgehenden 18. Jahrhunderts ist ein Werk von Vincenzo Pacetti, Francesco Corradori, Giovanni Monti und Tommaso Righi.

in Richtung Frankreich. Zum Glück galten die Statuen von Bernini, die Scipione selbst beim Bildhauer in Auftrag gegeben hatte, und die Gemäldesammlung mit Tizians Gemälde *Die Himmlische und die Irdische Liebe*, das der Kardinal angekauft hatte, als weniger interessant. 1827 erwarb Francesco Borghese in Paris die *Danae* von Correggio. Er dehnte 1834 die Erbverwaltung auf die Kunstwerke aus und bewahrte sie davor, auseinandergerissen zu werden. Nach langen Verhandlungen erwarb der italienische Staat im Jahre 1902 das Museum Villa Borghese, das heute noch Werke aus der herrlichen Kunstsammlung von Scipione enthält.
Wenn man sich durch die ungemein prunkvollen Säle der Hausherrin Paolina Borghese nähert, klingen die Worte Flauberts nach: „Je n'ai rien regardé du reste de la Gallerie, j'y suis revenu à plusieurs reprises et à la dernière, j'ai embrassé sous l'aisselle la femme pammée qui tend vers l'amour ses bras de marbre, ça a été mon seul baiser sensuel, j'embrassais la beauté elle-même...“.

Der Saal der Kaiser ist nach den Kaiserbüsten aus Porphyr und Alabaster benannt. Die Dekoration über der Tür ist ein Werk des Bildhauers Agostino Penna.

Der Junge Mann mit Obstkorb ist ein Jugendwerk Caravaggios und gehörte zu der Kunstsammlung, die dem Cavalier d'Arpino, dem Lehrer Caravaggios, gehörte und von Paul V., der sich ihrer bemächtigen wollte, beschlagnahmt wurde. Die Sammlung enthielt weitere begehrenswerte Werke.

Casino Boncompagni Ludovisi

In den ersten Jahren des 17. Jahrhunderts setzte sich zunehmend die Tendenz durch, große landwirtschaftliche Ländereien außerhalb des Aurelianischen Mauergürtels in Villen und Parkanlagen zu verwandeln. In der Gegend, in der sich einst die *horti sallustiani* ausdehnten, beschloß Kardinal Ludovico Ludovisi, die aufsehenerregendste aller römischen Villen zu errichten, um sich dort den Mußestunden hinzugeben und Ansehen und Macht seiner Familie zur Schau zu stellen. Beeindruckt schrieb Stendhal zwei Jahrhunderte später, es gäbe „nichts Einmaligeres als diese mit Bauten angefüllten Gärten, gegen welche die Tuilerien und Versailles nur ein schwacher Abklatsch sind". In nur dreißig Monaten errichtete Ludovico, der unter dem Pontifikat seines Onkels Gregor XV. einen großen Landbesitz erworben hatte, das vornehme Casino und stattete die Villa mit reizvollen Wegen aus. Der Palazzo Grande, der über einem früheren Palast des Herzogs Giovanni Antonio Orsini entstand, ist heute zum Teil unter dem derzeitigen Palazzo Margherita begraben, in dem sich die Amerikanische Botschaft befindet. Fünf kleinere

Das Casino Ludovisi ist nach Guercinos Fresko der *Aurora* aus dem Jahr 1621 benannt, das den über den Himmel ziehenden Wagen Auroras zeigt.
In der seitlichen Lünette läßt die vom Mond beschienene Allegorie der *Nacht* – der Mutter des Schlafes und des Todes – das Interesse des Malers für Lichteffekte erkennen. Der *Tag* ist durch einen Engel versinnbildlicht, der eine Fackel in der Hand hält.

Bauten, die ebenso wie die Brunnen und die antiken Statuen im weitangelegten Garten verstreut waren, boten Erfrischung. Das Casino dell'Aurora ist alles, was heute noch von der überwältigenden, unermeßlich großen Villa erhalten ist. Sie erstreckte sich seit 1621 auf dem Weingelände von Cecchino Del Nero, das in der Folge in den Besitz des berühmten Kardinals Del Monte überging, und wurde vermutlich von Maderno entworfen, dem Baumeister des Palazzo Piombino. In kreuzförmigem Grundriß erbaut, gruppierten sich um den zentralen Hauptsaal vier weitere, durch eine Wendeltreppe mit dem Obergeschoß verbundene Räume. Ein kleiner Aussichtsturm schloß das Gebäude oben ab. An den ersten Bauherrn erinnert viermal die Inschrift FRANCISCUS NERO SECRETARIUS APOSTOLICUS am Deckengewölbe der Eingangshalle, das Mitte des 16. Jahrhunderts mit Grotesken ausgemalt wurde. In der Mitte ist ein ungeheurer Januskopf dargestellt, Sinnbild der vier Jahreszeiten. Kaum in der Stadt angekommen, nahm der junge Guercino im Juli 1621 die Arbeit für die Dekoration sogleich in Angriff. Ihm zur Seite stand dabei Agostino Tassi, ein Meister der perspektivischen Raumgestaltung, der die Flächen des Deckengewölbes über mehrere Ebenen nach oben entwickelte. Die Verherrlichung der Familie Ludovisi ging vom Wappen der Familie aus, dessen Einbeziehung hier an die Tradition der Farnese von Caprarola anknüpft. Zu Beginn des Pontifikats von Gregor XV. galt es, dem Pontifex Maximus Ruhm und Ansehen zu verleihen. Die Ausführung der von Bentivoglio entworfenen Dekorationen und Allegorien wurde indessen einem seiner Schützlinge, Giovanni Francesco Barbieri, anvertraut. Guercino war sich sogleich bewußt, Reni darauf antworten zu müssen, und forderte seinen Zeitgenossen in die Schranken zu einem leidenschaftlichen künstlerischen Wettkampf, bei dem er sich mit der *Aurora* Renis messen wollte, die dieser für das Casino von Scipione Borghese gemalt hatte. Der klassischen, erhabenen Harmonie Renis setzte er den intimen, romantischen Schwung der eigenen Darstellung entgegen. Der zum Himmel emporstürmende *Wagen der Aurora* ziert das Mittelfeld des Deckengewölbes, während in den Lünetten an der Seite einmal der *Tag*, einmal die *Nacht* dargestellt ist. Zwei landschaftliche Szenen – auf einer davon ist die Villa zu sehen – flankieren die Scheinarchitektur von Tassi. Die Darstellung der vom Widerschein des Mondes erhellten Nacht, die an die venezianische Malerei erinnert, zeugt vom Interesse des Malers für Lichteffekte. Die in der Art des Barock in stark verkürzter Perspektive gehaltene *Aurora* ist ganz nach den Anweisungen des im Jahre 1618 neu aufgelegten *Lehrbuchs der Ikonologie* von Cesare Ripa in leuchten-

Guercino, *Der Wagen der Aurora* (1621).

den Farben gemalt. Diesen Weisungen zufolge mußte ihre Gestalt in Orange, Rot und Weiß und mit bloßen Armen und Beinen dargestellt werden. Guercino befolgte denn auch in vielen Details die Vorgaben Ripas, ging großzügig mit Blumenmotiven um und wies dem Wappen einen ehrenvolle Rolle zu. Der von zwei gescheckten Pferden gezogene Wagen dagegen geht auf seine Initiative zurück. *Der Tag* wird durch den lichttragenden Engel (Luzifer) mit der Fackel in der Hand versinnbildlicht. *Die Nacht* - Mutter des Schlafes und des Todes - regte den Maler zu einem romantischen, melancholischen Bildnis an.

Im Saal nebenan wurden im Jahre 1621 vier Künstler zur Ausführung je einer landschaftlichen Szene herangezogen. Während so Tassi seine Scheinarchitektur um tanzende Putten herum anlegte, begannen Paul Brill, Giovan Battista Viola, Domenichino und Guercino miteinander zu wetteifern. Guercino ging mit heiterer Beschwingtheit auf die Schilderungen von Torquato Tasso ein und ersann eine Szene mit edlen Damen inmitten verspielter Brunnen. Paul Brill, ein Wegbereiter der Landschaftsmalerei und bereits erfahrener Meister, malte zierliche Gestalten zwischen Laubwerk und Ruinen. Der gebildete Domenichino gestaltete eine klassische Landschaft im Stil der Elegien. Er, ein Günstling des Kardinals und des einflußreichen Klassizismustheoretikers Monsignor Agucchi, wurde zum bevorzugten Maler der Familie Ludovisi. Das von Viola gemalte Dekkenfeld - übrigens das einzige nachgewiesene Werk des Bolognesers - stellt eine romantische, nordisch anmutende Vedute dar, die kühn zu einsamen Höhen emporstrebt. Im dem ebenso großen Gewölbe des Obergeschosses stellte Guercino den *Ruhm* dar. Gewundene, salomonische Säulen geben den Rah-

Das Casino hatte ursprünglich Cecchino Del Nero gehört. Im Mittelpunkt des Deckengewölbes ist ein Januskopf, das Sinnbild der vier Jahreszeiten, zu sehen. Paul Brill, Giovan Battista Viola, Domenichino und Guercino arbeiteten 1621 gemeinsam an der Dekoration. Jedem wurde aufgetragen, eine der vier Landschaftsszenen zu malen, die in die durch Putten aufgelockerte Scheinarchitektur von Agostino Tassi eingefügt wurden.

Im ersten Stockwerk des Casinos stellte Guercino die Allegorien von *Ruhm, Ehre und Tugend* in gelben und roten Gewändern (den Wappenfarben der Familie) dar, die durch den Phönix zu unsterblichem Ruhm gelangten.
Das Alchemie-Kabinett von Kardinal Del Monte war 1597 von Caravaggio ausgemalt worden, der auf die Umwandlungsprozesse der Elemente mit *Jupiter, Neptun und Pluto* anspielte, die mit der sich wandelnden Materie kämpfen. In der Mitte ist die Kugel des Weltalls zu erkennen. Es handelt sich um Caravaggios einzige mit Ölfarben ausgeführte Wandmalerei.

men ab für die ätherische Gestalt, die sich vom schattenlosen Himmel abhebt. Allegorien der *Ehre* und der *Tugend*, in rote und gelbe Gewänder gehüllt, versinnbildlichen das Wappenmotiv der Familie Ludovisi, die durch den unsterblichen Phönix zum erhofften Ruhm gelangt ist. In diesem Saal stand früher ein ausnehmend prunkvolles, mit kostbaren Edelsteinen besetztes Bett. Einer Beschreibung von Pinaroli aus dem Jahre 1725 zufolge war es von vier Säulen aus Amethyst und Lapislazuli gestützt, die mit Topasen, Aquamarinen, Smaragden und Rubinen besetzt waren. Das Kopfteil, mit zehn großen Perlen bestückt, stellte den Wagen Apolls dar, während das Gestell aus Achat und Alabaster gemeißelt war. Die Decke des Alchemie-Kabinetts von Kardinal Del Monte war 1597 von Caravaggio ausgemalt worden, der auf die Umwandlungsprozesse der Elemente durch die Darstellung von Jupiter, Neptun und Pluto anspielte, die mit der sich wandelnden Materie kämpfen. Die noch in der Mitte das Weltalls gemalte Erde bezeugt das Weltbild, das vor den skandalerregenden Enthüllungen Galileis herrschte. Wasser und Luft waren als veränderliche Elemente dargestellt, die in einen festen oder gasförmigen Zustand übergehen können. Es handelte sich bei diesem Bild um Caravaggios einzige mit Ölfarben ausgeführte Wandmalerei.
Der korrupte, raffinierte Kardinal Del Monte war der erste Gönner von Caravaggio gewesen, dem er zahlreiche Gemälde in Auftrag gab. Sein Schützling lebte fünf Jahre lang in seinem Palast unweit der Piazza Navona.
Fürst Antonio Boncompagni Ludovisi erweiterte den Bau im Jahre 1585 durch eine Verlängerung der zwei Seitenflügel, ließ jedoch die prachtvollen Dekorationen, die Kardinal Ludovico Ludovisi bei den größten Künstlern seiner Zeit in Auftrag gegeben hatte, unangetastet.

Villa Albani

Als der ehrwürdige Kardinal Francesco Maria Albani, ein gottesfürchtiger Mann und Mäzen der Künste, am Abend des 20. November 1700 auf den Stuhl Petri gewählt wurde, gab er dem Willen des Konklaves nur widerstrebend nach und nahm das Amt des höchsten kirchlichen Würdenträgers erst nach reiflicher Überlegung an. Die erbaulichen Radierungen des von ihm protegierten Pier Leone Ghezzi schildern Szenen aus dem Leben des Papstes, der seine religiösen Pflichten mit großem Eifer erfüllte, Sakramente spendete, Kranke besuchte und Pilger demütig bei Tisch bediente. Sein Neffe Alessandro Albani betrieb indessen mit dem gleichen Eifer die Sammlung von Antiken und umgab sich mit einem gebildeten Kreis von Anhängern der Antike. Rom war zu jener Zeit die beliebteste Hauptstadt unter den Ausländern, die aus allen Teilen Europas angereist kamen im Zuge der „Grand Tour", der Kavalierstour, die damals jeder absolviert haben mußte, der darauf hielt, kultiviert zu sein. Maler und Architekten, Bildhauer und Antiquare bildeten in Rom jene heterogene, bunt zusammengewürfelte Schar von „Zugereisten", deren herausragende Figur Winckelmann war. In dichterischer Sprache beschwor dieser die Liebe zur Antike als einzig wahrer Form der Schönheit. Um das, was später eine der außergewöhnlichsten Antikensammlungen Roms werden sollte, kreiste eine Schar von Künstlern, angeführt von Mengs, Piranesi und Thorvaldsen. Gemeinsam strebten sie danach, eine neue Ästhetik durchzusetzen, die

Die zweigeschossige Fassade der Villa wird unten durch einen Portikus mit Säulen und Pilastern aufgelockert. Das Gesims oben trägt eine mit Statuen geschmückte Balustrade. Die Loggia enthält einige der berühmten Antiken, die der Kardinal mit seinem Freund und Berater Winckelmann zusammengestellt hat. Die Sitzstatue im Vordergrund ist aus parischem Marmor und stellt den Kaiser Claudius mit erhobener rechter Hand dar.

später den Klassizismus begründete. Sie postulierten das Studium der klassischen Antike als höchstes Ziel und lehnten sich mit revolutionärer Verve gegen die barocke Überschwenglichkeit auf. Unter den „doktrinären Fremden, die es darauf abgesehen haben, hochstehende Kulturgrundsätze zu formulieren" (Chastel) und die früher oder später dem aufgeschlossenen Kardinal begegnen mußten, war Winckelmann (der sich ab 1755 in Rom aufhielt) neben Mengs der bekannteste.
Treibender Mittelpunkt dieser klassizistischen Welle wurde die Villa Albani, ein elegantes Bauwerk, von dem der Kardinal im Geiste genaue Vorstellungen hatte, noch ehe es Stein auf Stein entstand. So schreibt Vasi am 12. Januar 1760: „Der Entwurf der Villa und des Casinos ist von Seiner Eminenz selbst konzipiert worden, die Schmuckelemente aber stammen von Herrn Carlo Marchionni, der die Bauaufsicht hatte, wie ein Teil des reizvollen Gartens zeigt." Schon als ganz junger Mann hatte der Kardinal die „Accademia antiquaria" gegründet mit dem Bestreben, Ausgrabungen zu fördern und Fundstücke zu studieren. Um 1750 gab Alessandro das gesamte Gebäude beim Architekten Carlo Marchionni in Auftrag. Es sollte als Aufbewahrungsort für die Antikensammlung dienen, die er aufbaute. Der Hauptbestand seiner Sammlung wurde später von Clemens XII. für das Kapitolinische Museum an-

Obwohl ein Teil des ursprünglich viel umfangreicheren Bestandes der kostbaren Sammlung von Napoleon nach Paris gebracht wurde, ist sie noch immer äußerst reichhaltig.

gekauft. Die Villa liegt heute hinter hohen, verschlossenen Toren und ist geschützt vor neugierigen Blicken. Nur mehr erahnen können wir den Ausblick auf den unberührten Horizont der römischen Landschaft, der sich dem Betrachter von den doppelten Türmen hoch über der Stadt bot. An der Fassade des Gebäudes öffnet sich ein großer Dreierbogen mit palladianischen Reminiszenzen zum Park hin. Eine schöne Kulisse dazu gibt der im Halbrund angelegte Portikus des Kaffeehauses ab. Ein malerisches Gesims stützt die mit Statuen reich bestückte Balustrade. Die exakt angelegten, heute zwar etwas verwahrlosten Heckenzäune des Gartens zeugen noch vom ursprünglichen Anliegen Winkelmanns, Natur und Antike mystisch miteinander zu verbinden. Aus Grabungen stammende Säulen aus Porphyr, Serpentin, Granit und orientalischem Alabaster bildeten im Laufe der Arbeiten einen vielfarbigen steinernen Wald. Der Park selbst war mit reizvollen Statuengruppen geschmückt, die den Kardinal bei seinem Spaziergang wie ein Museum unter freiem Himmel umgaben. Beseelt von einem geradezu besessenen Streben nach Harmonie, schuf Winckelmann, der gelehrte Bibliothekar im Dienste des Fürsten, einen einheitlichen Dekorationsplan. Nichts wurde dem Zufall überlassen unter der Deckenwölbung, die 1761 von Mengs mit dem *Parnaß* ausgemalt wurde. Winckelmann nannte

Das Innere der ungemein prunkvoll ausgestatteten Villa wurde von Künstlern wie Bicchierai, Clerisseau, La Piccola, Thorvaldsen, Anesi und Mengs dekoriert. In dem kuppelbekrönten Ovalen Saal befindet sich ein Fresko von Bicchierai, das die Göttin Aurora darstellt. In der Mitte befindet sich ein sitzender Apoll, in archaischem Stil von P. Cavaceppi, einem Bildhauer des 18. Jahrhunderts, gestaltet. In der wundervollen Galerie führte Nicolò La Piccola *Grisaillen* mit Darstellungen antiker Themen in Form von Kameen aus. In die Wände sind römische Reliefs eingelassen, wie zum Beispiel das Relief über dem Portal, das den römischen Kaiser Antoninus Pius darstellt.

Mengs den „größten Künstler dieser und vielleicht der kommenden Zeit, wie der Phönix aus der Asche Raffaels wiedergeboren, um der Welt die Schönheit der Kunst zu lehren". Bicchierai, Clerisseau, La Piccola, Thorvaldsen, Anesi und Mengs beugten sich dem Willen, „eine griechische Schönheit" nach klassischen Vorbildern zu schaffen, die sie, angeführt von Winckelmann, dem ersten großen Historiker der antiken Kunst, gewissermaßen griffbereit vor sich hatten. Die seitlich vom *Parnaß* perspektivisch angeordneten Rundfenster sind ebenso von Mengs gemalt und stellen die *Liebe zur Tugend, den Genius der Künste, den Ruhm* und *die Belohnung* dar. Nicolò La Piccola führte die *Grisaillen* mit Kameen über Themen der Antike aus. Paolo Anesi malte Landschaften mit perspektivischen Veduten, die sich nach außen hin öffnen, und folgte damit der „Tradition der Landschaftsmalerei". Bicchierai hatte zuvor die *Allegorien der Planeten* in einem noch barockisierenden Stil beendet, den die neuen Künstler als überholt ansahen. Dem Anspruch, hochmoralische Inhalte zu schildern, wurden die verschnörkelten Tändeleien des Rokoko geopfert.

In einem Brief an Wiedewelt vom 18. August 1759 erwähnt Winckelmann seinen vertrauten Umgang mit dem Kardinal, auf dessen Bettrand er sich jeden Morgen zu setzen pflegte, um mit ihm zu plau-

Der anschließende Raum ist nach dem Antinoos-Relief aus der Hadriansvilla in Tivoli benannt, das über dem exzentrischen Kamin zu sehen ist. Paolo Anesi malte die Landschaften mit illusionistischen Öffnungen nach außen hin und setzte so die „Tradition der Landschaften" fort. Die *Allegorien der Planeten* im Nebensaal wurden von Bicchierai in einem damals schon zum Teil überholten spätbarocken Stil gemalt, während Anton Raphael Mengs die Deckenwölbung mit dem berühmten *Parnaß* (1756) ausschmückte. In den Seitenkabinetten ist noch immer eine kostbare Sammlung antiker Gemälde aufbewahrt.

dern. Er wohnte im Palast, den der Kardinal in der Via IV Novembre besaß (heute unter dem Namen „Palazzo Del Drago" bekannt), und begleitete seinen Gönner jeden Nachmittag zur Villa, „die bei weitem alles übertrifft, was in unseren Tagen selbst durch die Hand von Herrschern entstanden ist". Mit den Augen Plutarchs gesehen, schien hier die als Goldenes Zeitalter gedachte Antike in der Wirklichkeit dieses erstaunlichen Abenteuers Gestalt anzunehmen. Von Anfang an richtete der Kardinal die Residenz vor den Stadttoren bewußt als Aufbewahrungsort für die Werke seiner kostbaren Antikensammlung ein. Sie war nie bewohnt, sondern stets ein Privatmuseum, die Geburtsstätte der neoklassischen Stilrichtung. Den Wunsch des Kardinals respektiert voll und ganz der derzeitige Eigentümer, Fürst Alessandro Torlonia, der selbst nicht in der Villa residiert (sie ist im übrigen auch heute noch nicht an das Stromnetz angeschlossen). Außer der Antikensammlung enthält die Villa verschiedene bedeutende Gemälde, darunter ein Triptychon von Nicolò da Foligno (genannt L'Alunno, d. h. der Schüler), eine Skizze von Raffaels *Verklärung* sowie Werke von Perugino und Luca Signorelli. Andrea Sperelli, der dekadente Held von Gabriele D'Annunzio, träumte davon, „eine Villa wie die des Alessandro Torlonia zu besitzen, wo die dunklen Buchsbäume, der rote Granit aus dem Orient, der weiße Marmor von Luni, die Statuen Griechenlands, die Malereien der Renaissance und die Denkwürdigkeit der Stätte den Zauber einer superben Liebe besingen".

Das attische Wandrelief aus dem „Goldenen Zeitalter" zeigt die *Bestrafung des Lynceus*. Das elegante Kabinett ist ganz mit antiken Fundstücken geschmückt, darunter eine Statue der Andromeda und eine Bronzestatuette des *Apollon Sauroktonos („Eidechsentöters")* nach dem Vorbild von Praxiteles. Der Fußboden enthält drei aus Ausgrabungen stammende Mosaiken, die von mehrfarbigem Marmor eingefaßt sind.

Literaturhinweise

Affreschi del Cavalier d'Arpino in Campidoglio: analisi di un opera attraverso il restauro, Rom 1980.
Amayden, T., *Storia delle famiglie romane,* Rom o. J.
Ammanato, C., *Via Giulia,* Rom 1989.
Ashby, T., „The Palazzo Odescalchi in Rome", *Papers of the British School of Rome,* VIII, 1916 und 1920.
– „The Capitol: Its History and Development", *The town planning review,* XII, 1927.
– „The Palazzo Odescalchi in Rome", *Papers of the British School of Rome,* VIII, 1916.
Assunto, R., „Winckelmann a Villa Albani", *Committenza della famiglia Albani,* Rom 1985.
Belli Barsali, I., *Ville di Roma,* Mailand 1970.
Borsi, F., *Palazzo Rondinini,* Rom 1983.
– *Palazzo del Quirinale,* Rom 1991.
Benzi, F., *Sisto IV Renovator Urbis. Architettura a Roma 1471-1484,* Rom 1990.
Briganti, G., *Palazzo del Quirinale,* Rom 1962.
Bruschi A., *Bramante architetto,* Bari 1969.
Càllari, L., *Le ville di Roma,* Rom 1934.
– *I Palazzi di Roma,* Rom 1944.
Cannatà, R., *Guida a Palazzo Spada,* Rom 1984.
Carandente, G., *Il palazzo Doria Pamphili,* Mailand 1975.
Chastel, A. und Morel, P., *La villa Médicis. Académie de France à Rome,* Rom 1989.
Coarelli, F., *Guida archeologica di Roma,* Mailand 1974.
Coffin, D.R., *The Villa in the Life of Renaissance Rome,* Princeton 1979.
– *Gardens and Gardening in Papal Rome,* Princeton 1991.
Colasanti, A., *Case e Palazzi barocchi di Roma,* Mailand 1912.
„Commitenze della famiglia Albani", *Studi del Settecento romano,* Rom 1985-1986.
Debenedetti, E., *Taccuini per la Villa Albani,* Rom 1993.
De Feo, V., *La piazza del Quirinale. Storia, architettura e urbanistica,* Rom 1973.
Della Pergola, P., *Villa Borghese,* Rom 1962.
Errico, M.; Finozzi, S.S. e Giglio, I., „Ricognizione e schedatura delle facciate affrescate e graffite a Roma nei secoli XV e XVI", *Bollettino d'Arte, 33-34,* 1985
Fagiolo Dell'Arco, M., *Bernini,* Rom 1967.
Ferrerio, P., *Palazzi di Roma de' più celebri architetti,* Rom 1650.
Forschungen zur Villa Albani, Berlin 1989.
Frommel, C. L., *Baldassare Peruzzi als Maler und Zeichner,* Wien 1967-68.
– *Der Römische Palastbau der Hochrenaissance,* I, Tübingen 1973.
– *Baldassare Peruzzi. Pittura, scena e architettura nel Cinquecento,* Rom 1987.
– *Raffael. Das architektonische Werk,* Stuttgart 1987.
– „La Villa Madama e la tipologia della villa romana nel Rinascimento", *Bollettino del Centro Internazionale di Studi di Architettura Andrea Palladio,* 11, 1969 (1970).
– „Francesco del Borgo: Architekt Pius' II. und Pauls II. Palazzo Venezia, Palazzetto Venezia und San Marco", *Römisches Jahrbuch für Kunstgeschichte,* 21, 1984.
– „Il Palazzo della Cancelleria", *Il palazzo dal Rinascimento a oggi,* atti del convegno Reggio Calabria 1988, Rom 1989.
–„La Villa Médicis et la typologie de la villa italienne à la Renaissance", *La Villa Médicis,* Rom 1991.

GAVALLOTTI CAVALLERO, D., *I palazzi di Roma dal XIV al XX secolo,* Rom 1989.
GERSTFELDT, O. von, *Römische Villen,* Leipzig 1909.
GOLZIO, V., *Palazzi Romani dalla rinascita al neoclassico,* Bologna 1971.
GONZALES PALACIOS, A., „La mobilia di palazzo Pallavicini", *Arte Illustrata,* IV, 1971.
GREGOROVIUS, F., *Storia della città di Roma nel Medio Evo,* Rom 1900.
GROSS, H., *Roma nel Settecento,* Bari 1990.
HASKELL, F., *Mecenati e pittori. Studio sui rapporti tra arte e società italiana dell'età barocca,* Florenz 1966.
HERMANIN, *F., La Farnesina,* Bergamo 1927.
HIBBARD, H., *Carlo Maderno and Roman Architecture,* London 1964.
IL CAMPIDOGLIO di Michelangelo, Mailand 1965.
IL QUIRINALE, Rom 1974.
JANNONI SEBASTIANINI, C., *Le piazze di Roma,* Rom 1972.
LAIS, G., *Il terzo centenario della morte di San Filippo Neri a Palazzo Massimo,* Rom 1983.
LAUREATI, L. und TREZZANI, L., *Patrimonio artistico del Quirinale,* Rom 1993.
LEFEVRE, R., *Villa Madama,* Rom 1973.
LE PALAIS Farnese, Rom 1980-1981.
„LES FRESQUES NEOPOMPEIENNES du palais Taverne", *Connaissance des Arts,* 177, 1966
LIZZANI, M., *Palazzo del Quirinale,* Rom o. J.
LOMBARDI, F., *Roma, palazzi, palazzetti e case (1200-1870),* Rom 1991.
LOTTI, L., „Palazzo Pallavicini e i suoi proprietari", *Alma Roma,* XV, 74, 3/4.
MANILLI, *J., Villa Borghese fuori Porta Pinciana,* Rom 1650.
MATTHIAE, G., *Roma Barocca,* Novara 1974.
MORCELLI, S. A., *La Villa Albani descritta,* Rom 1869.
MUNOZ, A. und Colini, A. M., *Campidoglio,* Rom 1931.
NEPPI, L., *Palazzo Spada,* Rom 1975.
OLTRE RAFFAELLO, Rom 1984.
PALAZZO RONDININI, Rom 1983.
PALAZZO RUSPOLI, Rom 1992.
PECCHIAI, P., *Palazzo Taverna a Monte Giordano,* Rom 1963.
PERTICA, D., *Villa Borghese,* Rom 1990.
PORTOGHESI, P., *Roma barocca,* Rom 1967.
- *ROMA nel Rinascimento,* Mailand o. J.
RENDINA, C., *I Papi: storie e segreti,* Rom 1983.
ROSATI, F., „Palazzo Altieri ieri e oggi", *Capitolium,* 49, 1974.
SALERNO, L., *Palazzo Rondinini,* Rom 1965.
SCHIAVO, A., *Michelangelo architetto,* Rom 1949.
- *PALAZZO della Cancelleria,* Rom 1964.
- „I PALAZZI dei Massimo", *Palazzo Braschi e il suo ambiente,* Rom 1967.
SPAGNESI, G. F., *Giovanni Antonio de Rossi,* Rom 1964.
TAFURI, M., *La via Giulia,* Rom 1973.
TIBERIA, V., *Giacomo Della Porta,* Rom 1974.
TOMEI, P., „Un elenco dei palazzi di Roma al tempo di Clemente VIII", *Palladio,* 1939
- *L'ARCHITETTURA a Roma nel Quattrocento,* Rom 1942.
TONELLI, G., *Ville di Roma,* Rom 1968.
TOSELLI, G., *Palazzi di Roma,* Mailand 1965.
TORSELLI, G., *La Galleria Doria Pamphili,* Rom 1969.
VIA DEL CORSO, Rom 1961.
VILLA BORGHESE, Catalogo della mostra, Rom 1966.
VOSS, H., *Die Malerei des Barock in Rom,* Berlin 1924.
WITTKOWER, R., *Art and Architecture in Italy 1600-1750,* Harmondsworth 1975.
WURM, H., *Der Palazzo Massimo alle Colonne,* Berlin 1965.
ZACCAGNINI, C., *Le ville di Roma. Dagli „horti" dell'antica Roma alle ville ottocentesche,* Rom 1976.
ZARINA, A. und KORAB, B., *I tetti di Roma. Le terrazze, le altane, i belvedere,* Rom o. J. (1976)
ZERI, *F., La Galleria Pallavicini,* Florenz 1959.
-„THE PALLAVICINI PALACE and the Gallery in Rome", *Connaisseur,* 549, 1955.
ZERI, F. und MORTARI, L., *La Galleria Spada in Roma,* Rom 1970.

Adressen der Paläste

Villa Albani
Via Salaria, an der Ecke zur Via di Villa Albani
Im Besitz der Fürsten Torlonia. Nicht für die Öffentlichkeit zugänglich. *S. 306 ff.*

Palazzo Altieri
Piazza del Gesù, 49
Im Besitz der Erben der Familie Altieri und des A.B.I.
Nicht für die Öffentlichkeit zugänglich. *S. 194 ff.*

Villa Boncompagni Ludovisi
Via Lombardia, 46
Im Besitz der Fürsten Boncompagni Ludovisi.
Nicht für die Öffentlichkeit zugänglich. *S. 298 ff.*

Villa Borghese
Piazzale Museo Borghese
Täglich (außer Montag) geöffnet. *S. 282 ff.*

Palazzo della Cancelleria
Piazza della Cancelleria, 3.
Im Besitz des Heiligen Stuhls.
Nicht für die Öffentlichkeit zugänglich. *S. 32 ff.*

Casino dell'Aurora
Via XXIV Maggio, 43
Nur am ersten Tag jeden Monats zu besichtigen (Tel. : 06-4744019). *S. 174 ff.*

Engelsburg
Lungotevere Castello
Täglich geöffnet. *S. 76 ff.*

Palazzo Chigi Odescalchi
Piazza Ss. Apostoli, 80-81
Im Besitz der Fürsten Odescalchi. Nicht für die Öffentlichkeit zugänglich. *S. 180 ff.*

Villa Chigi, genannt La Farnesina
Via della Lungara, 230
Im Besitz der Accademia dei Lincei. Sitz des Gabinetto Nazionale delle Stampe (Stiche, Drucke und Fotos aus ganz Italien). Täglich geöffnet. *S. 240 ff.*

Palazzo dei Conservatori
Piazza del Campidoglio, 1
Sitz der Kapitolinischen Museen.
Täglich (außer Montag) geöffnet. *S. 100 ff.*

Palazzo Doria Pamphili
Via del Corso, 304
Im Besitz der Fürsten Doria Pamphili. Die Galerie Doria Pamphili ist durch den Eingang in der Via del Collegio Romano, 3 zugänglich.
Täglich geöffnet. *S. 208 ff.*

Palazzo Farnese
Piazza Farnese, 67
Sitz der Französischen Botschaft.
Nicht für die Öffentlichkeit zugänglich. *S. 52 ff.*

Villa Giulia
Piazzale di Villa Giulia, 9
Sitz des Museo Nazionale di Villa Giulia. Täglich geöffnet. *S. 260 ff.*

Villa Madama
Via di Villa Madama, 1
Im Besitz des Italienischen Staates. Nach vorheriger Anmeldung zu besichtigen.
S. 252 ff.

Palazzo Massimo alle Colonne
Corso Vittorio Emanuele, 141
Im Besitz der Fürsten Massimo.
Nicht für die Öffentlichkeit zugänglich. *S. 42 ff.*

Villa Medici
Viale Trinità dei Monti
Sitz der Académie de France.
Nur während der laufenden Ausstellungen zu besichtigen.
S. 268 ff.

Palazzo Pallavicini Rospigliosi
Via XXIV Maggio, 43
Im Besitz der Fürsten Pallavicini Rospigliosi und der Federazione Italiana dei Consorzi Agrari. Nicht für die Öffentlichkeit zugänglich. *S. 160 ff.*

Palazzo Pecci Blunt
Via dell'Ara Coeli, 3
Im Besitz der Grafen Pecci Blunt.
Nicht für die Öffentlichkeit zugänglich. *S. 124 ff.*

Palazzo del Quirinale
Piazza del Quirinale
Amtssitz des Präsidenten der Italienischen Republik.
Nicht für die Öffentlichkeit zugänglich. *S. 146 ff.*

Palazzo Rondinini
Via del Corso, 518
Sitz des Circolo degli Scacchi (Schachclubs). Nicht für die Öffentlichkeit zugänglich.
S. 218 ff.

Palazzo Ruspoli Ruccellai
Largo Goldoni, 56
Im Besitz der Fürsten Ruspoli und des Anwalts Memo.
Das Erdgeschoß ist während der laufenden Ausstellungen zu besichtigen. *S. 136 ff.*

Palazzo Sacchetti
Via Giulia, 66
Im Besitz der Marchesi Sacchetti.
Nicht für die Öffentlichkeit zugänglich. *S. 112 ff.*

Palazzo Savelli Orsini
Via Monte Savello, 30
Privatbesitz (zum Teil des SMOM). Nicht für die Öffentlichkeit zugänglich. *S. 66 ff.*

Palazzo Spada
Piazza di Capo di Ferro, 13
Sitz des Consiglio di Stato (Staatsrats).
Zu besichtigen ist die Galleria d'Arte des Palazzo Spada ;
Täglich (außer Montag) geöffnet. *S. 88 ff.*

Palazzo Taverna Gabrielli Orsini
Via Monte Giordano, 36
Im Besitz der Marchesi Gallarati Scotti.
Nicht für die Öffentlichkeit zugänglich. *S. 230 ff.*

Namens- und Ortsverzeichnis

In diesem Buch ausführlich behandelte Paläste sind in Großbuchstaben gedruckt.